LILIA GUTIÉRREZ RIVEROS

Sinfonía del orbe
-Poesía completa-
[1985 - 2014]

NUEVA YORK, 2014

Title: Sinfonía del orbe. Poesía completa [1985 – 2014]

ISBN-10: 1940075076
ISBN-13: 978-1-940075-07-5

Design: © Ana Paola González
Cover & Image: © Jhon Aguasaco
Author's photo by: © Germán Andrés González.
Editor in chief: Carlos Aguasaco
E-mail: carlos@artepoetica.com
Mail: 38-38 215 Place, Bayside, NY 11361, USA.

© Sinfonía del orbe. Poesía completa [1985 – 2014], 2014 Lilia Gutiérrez Riveros
© Sinfonía del orbe. Poesía completa [1985 – 2014], 2014 for this edition
Artepoética Press

All rights reserved. No part of this publication may be reproduced, distributed, or transmitted in any form or by any means, including photocopying, recording, or other electronic or mechanical methods, without the prior written permission of the publisher, except in the case of brief quotations embodied in critical reviews and other noncommercial uses permitted by copyright law. For permission requests, write to the publisher, addressed "Attention: Permissions Coordinator," at the address below: 38-38 215 Place, Bayside, NY 11361, USA

Todos los derechos reservados. Esta publicación no puede ser reproducida, ni en todo ni en parte, ni registrada en o transmitida por, un sistema de recuperación de información, en ninguna forma ni por ningún medio, sea mecánico, fotoquímico, electrónico, magnético, electroóptico, por fotocopia, o cualquier otro, sin el permiso previo por escrito de la editorial, excepto en casos de citación breve en reseñas críticas y otros usos no comerciales permitidos por la ley de derechos de autor. Para solicitar permiso, escríbale al editor a: 38-38 215 Place, Bayside, NY 11361, USA.

DEDICATORIA

A: Alonso, Loly, Alcira, Mary, Ritha, José, María Clared, Martha y Bertha, todos con un mismo apellido y plural forma de asumir la vida. A: Ricardo y César Augusto Benavides; David Leonardo, Teresa, Sebastián, Menfis Carolina, Vladimir, Catalina y Juan Esteban Gutiérrez; Ángela María y Camilo Vidal; Daniela y Germán Andrés González; Diego Nicolás, Juan Pablo y Sara Ospina, la nueva generación de andantes.

AGRADECIMIENTOS

Al poeta Carlos Aguasaco y su forma especial de asumir la literatura. A Andrés Berger-Kiss, Sara Gallardo Mendoza, Izacyl Gimarães Ferreira, Hernando Socarrás, Hugo Nobecilla, José Luis Díaz-Granados, Javier Guerrero Barón, Mariela Zuluaga, Andrés Elías Flórez Brum, Alonso Gutiérrez y Joaquín Peña

ÍNDICE

Sinfonía del orbe	13
Piedra Angular	16
Diosa del orbe	18
Continente - América	19
Humus	21
Piedra angular	21
Mineral sagrado	22
Desierto	23
Espíritu de la cosecha	24
Alforja de la vida	26
Alforja de la vida	28
Nevado	29
Escondite para el sol	30
Borrasca	31
Sequía	32
Viendo el mar	34
Inicio del olvido	34
Brazos del viento	36
La eternidad me mira	38
Escenario de vuelos	39
Brisa	39
Brazos del viento	40
Concierto de abril	41
Lección cotidiana	42
Del sentir al corazón	42
Murmullo de la noche	43
Esencia humana	46
Fuego	48
Palabra y gesto	49
Insomnio	50
Ensamble de vectores	51
Las manos	52
Esencia humana	52
Inventarios	57
Por las calles de Beijing	59
Disfrutando Hamburgo	60
Volver a Berlín	61
Camino a Hameln	63
Embrujo en París	64
Cúpula del día	65
Pendiente de un susurro	66
Hilos del tiempo	67
Extiendo la mano	68
Noticias habituales	69
Canto extraviado	71
Rosa Atilia	72
Noche impar	74
Contrastes	74
Evocaciones	76
Pasos alquilados	79
Preludio	83
Esplendor	84
Planeta de bolsillo	86
Mar Caribe	87
Plural riqueza	88
Despierta el páramo	89
Vuelo de libélula	90
Esplendor	90
Al compás de la brisa	91
Curva de la eternidad	92
Somos tierra	94
Somos Tierra	96
Crisálida	97
Cántaros	97
Fecundación	98
Después de la lluvia	99

El roble blanco	100
Melodía de gotas	101
Fiesta vegetal	102
El júbilo de haber vivido	103
INSISTENCIA	106
Inxilio	108
Sandra Liliana	109
Roncos sonidos	110
Los desaparecidos	111
Realidad	112
Ciudad ajena	113
Insistencia	114
A modo de pausa	115
Ser sureño	116
Torrente de la poesía	117
RENDIJAS DEL TIEMPO	118
Rumbo de los equipajes	120
Intento descifrarte	121
El tono de tu voz	122
Rendijas del tiempo	123
Nuevo comienzo	124
Alta noche	125
Renovación	126
VOLVER A INTENTARLO	128
Espirales de tiempo	130
Puente del arco iris	130
Astucia y desafío	132
Adiós a un amor casi eterno	133
Volver a intentarlo	133
Evasión	134
Memoria libre	135
Imperceptible	136
Hora de ámbar	137
Viaje	138
A SIMPLE VISTA	140
El reto	142
Vitalidad de las cañadas	143
A simple vista	143
Pasos alquilados	144
Mirar la tarde	146
Voz de la infancia	147
La Tierra	148
Leve lluvia	149
Instantes	149
El Chicamocha	150
INTERVALOS	153
LA FUENTE	154
Existencia	156
El río va	157
Semblanza	158
Despierta el mar	159
Las piedras	159
La fuente	160
Intervalo	162
Comienzo	163
TRÓPICO	164
Enero	166
Detrás del párpado	167
Comienzo de mayo	168
Matices	168
Trópico	169
Emoción antigua	170
Por los que duermen	171
PERSISTENCIA	172
Verano	174
Noche multiforme	174
Armonía	175
Primera clase	176
Concierto No. 4	177
Los músicos	178
LIBERTAD	180
Primer día en el exilio	182
Presencia	183
Volveré a amar	185

Vanidad	186	Mutación	238
La pregunta	186	Aire detenido	239
Libertad	187	VIENTO TROPICAL	240
HÁBITAT	188	La cuarta hoja del trébol	242
Hábitat	190	Viento tropical	243
Destierro	191	Ángel de estación	244
A lo ancho de la bahía	192	La ciudad a ciegas	246
Día sin pausa	193	Inicio de la búsqueda	247
CAMINAR	194	El pensamiento	248
Por la ganancia del día	196	Registro funerario	249
El regreso	197	TERRITORIOS VIVIDOS	250
Caminar	198	Renaciente	252
Tempestad	199	Territorios vividos	253
El tono verde	200	Ganancia del oficio	254
Casualidad	201	Hacia la noche	255
Preguntas para el futuro	203	Abandono	256
PAUSA	204	Marzo 1:30 a.m.	257
Promesa inventada	206	Nostalgia de infancia	257
Pausa	208	El camino del destino	259
Día del Sol	209	El deseo	259
Vuelta elemental	210	El vocablo	261
LA CUARTA HOJA DEL TRÉBOL	213	CERCA DE LA TARDE	264
Prefacio	217	Cerca de la tarde	266
DESTELLO SONÁMBULO	218	Insistencia	267
La espera	220	Si se niega lo posible	267
Corazón	221	Así de pronto	268
La estrella contempla	222	Poema sin propósito	269
Mirada suspendida	223	Miradas de tiempo	270
Destello sonámbulo	224	Contemplación	272
Evocación	225	CARTA PARA NORA BÖRING	275
Poema número 18	226	Carta para Nora Böring	279
Amor a la 2010	228	RONDA DE LOS SONIDOS	285
MUTACIÓN	230	Simbiosis por la vida	286
Cuestión de amor	233	Ronda de los sonidos	288
Tres veces amor	235	Domadora de significados	290
Poema número 28	236	Aire a tres espacios	292
Desencuentro	237	Intuición vegetal	294

Sonidos migratorios	295
Sobre el mar	296
Adiós en la bahía	297
Reflexiones para iniciar la tarde	299
Límites fragmentados	300
El silencio obligado al miedo	302
Deserción	303
Última frase para un hermano	305
ESPEJISMO DIARIO	307
Viaje cotidiano	308
Espejismo diario	309
Decisión	309
Muerte circular	310
Celador de mi barrio	311
Pausa en la noche	312
Cosas	313
Fantasía	314
Duda y olvido	314
Después del tiempo	315
Espejo nocturno	315
Sueño de almeja	316
Muerte del poeta	317
A LA HORA DE LA CENA	319
El brillo de tus ojos en mis ojos	320
Enigma	323
Principio del amor	323
A la hora de la cena	324
Relámpago	326
Horizonte de tu melodía	328
Persistencia	329
Después del adiós	330
CON LAS ALAS DEL TIEMPO	333
Para Lilia Gutiérrez	
Con las alas del tiempo	335
Palabras iniciales	336
ROPAJE FANTÁSTICO	338
En pos del hombre	339
Sin tiempo	340
Ropaje fantástico	340
Espacios de poeta	341
Sueño mágico	342
Silencio para un poeta	344
Este principio	345
¿Cómo se destroza el alma?	346
Espada de la vida	347
Colina de sombras	348
Planeando el viento	349
Enemigo sin nombre	350
No estar sola	351
CONJUGACIONES	355
Litoral del silencio	356
Tu imagen	357
Para que te calmes	357
Tu barba	358
Inclinación de la sombra	359
Acércate	359
Sin anunciarse	360
Canción para una mirada	362
Conjugaciones	363
Proyección	365
Cuando te marches	366
El único adiós	367
La huella que dejaste	369
LA CIUDAD QUE HABITO	370
Todo a mi espalda	371
Sortilegio	372
Indiferente	372
Lapidario	374
Canción a los árboles citadinos	374
Recomendaciones	376
Ciudad de asombro	376
Incertidumbre	377
La ciudad que habito	378
Maniquí	379

Hastío del miedo	*380*
¿Qué es estudiar?	*382*
Canción equívoca	*383*
Muestra de un tiempo	*384*
Carta al padre	*385*
Canto de hogar	*386*
Sigo	*387*
Llaves para el tiempo	*388*
TESTAMENTO	*389*
Con las alas del tiempo	*390*
Testamento	*394*

Nota biográfica	*399*
Apéndice crítico	
Comentarios breves	*401*
Prólogo de Izacyl Guimaraes Ferrerira Uma poesia ecológica	*403*
Una poesía ecológica (traducción)	*405*
Para Sinfonía del orbe por Hernando Socarrás	*407*
Lilia Gutiérrez Riveros es poesía tentación por Sara Gallardo Mendoza	*408*
Ebriedad de los pétalos por Alonso Quintín Gutiérrez Rivero	*410*
Comentario sobre la Antología Mientras el tiempo sea nuestro por Jorge Ladino Gaitán Bayona	*412*
Inventario de designios (Presentación del libro Pasos alquilados) por José Luis Díaz-Granados	*413*
Saludo a Lilia Gutierrez Riveros por Mariela Zuluaga	*414*
Lilia Gutiérrez; cerquita por Joaquín Peña Gutiérrez	*418*
Extraña sensación de vida por Andrés Elías Flórez Brum	*422*
Prólogo de La Cuarta Hoja del Trébol por Hernando Socarrás	*426*
Poesía: antídoto frente a la barbarie del final pestilente del milenio por Javier Guerrero Barón.	*427*
Prólogo del libro Con las alas del tiempo por Germán Posada Mejía	*431*

Sinfonía del orbe

Poesía completa

[1985 – 2014]

*La poesía no nace del our life's vork,
de la normalidad de nuestras ocupaciones,
sino de los instantes en que alzamos
la cabeza y descubrimos
con estupor la vida.*
Cesare Pavese

*Luego de morir
las aves retornan a las manos
que rompieron sus cuellos.*
Hernando Socarrás

*Me detengo y pruebo mis palabras
antes de permitirles que pasen de mis labios.*
Anónimo

Piedra angular

*Planta un abrazo
en el instante fugaz.*

*Sazona el corazón
con bálsamo de astros nuevos.*

Diosa del orbe

Sustrato y contenido
portal para los sueños
principio que acoge la semilla.

Derrotero de senderos
arraigo de niveles quebradizos
génesis de razas y de especies
ciclo a ciclo te renuevas
y transformas la espada
de sol en regocijo.

Perfeccionas acantilados
y muestras al mundo
tu miscelánea de madreselvas.

Vientre para la raíz
camino para escarabajos
firmeza de la roca y la colina
en tu regazo hallan protección
los mansos y las fieras.

Algarabía de verano
renovación de letargo en el invierno.

Asciendes
la acrobacia del valle
que se levanta mesurado hasta la cima.

Estribo de peñascos y planicies
una tarde tu respuesta
interrumpe el futuro de los bosques

rompes cráteres y asumes borrascas
en las vísceras del mundo.

Tierra – Madre
vientre de la vida - Diosa del orbe
de ti nazco, a ti me entrego renovada.

Continente - América

Territorio de mis días
remanso y respiración para emigrantes
pétalo de marzo y manjar de abril
sudor y aliento en trova de jornales
cena múltiple en casa de pradera
respiración en noche plateada.

Continente – América
conjugación de historia en espiral
filigrana sobre la piel de los siglos.

Por las entrañas de tus ciudades
huyen fantasmas entre las sombras,
los horarios, la desazón y el miedo.

Algunos campanarios
reaniman nostálgicos pesares
con letanía de abrazos y de incienso.

Continente renovado
entre Atlántico y Pacífico

culminación de montañas
rastro de otras vidas.
Soy pulso de tus fuentes, de tus pampas
de tus desiertos, de tu vientre mineral.

Aquí estoy
para nombrar tu raíz primordial
casta y savia de atajos
entre elevaciones y planicies.

Soy la voz
de tus especies
que aún sin nombre
van al depósito del olvido.

Rastro de cuento mapuche
escultura y perfección de Patagonia
tambor y zamba de carnaval
pulmón y nervio de Amazonas
vestigio escondido de mayas y de aztecas
fruta, colorido y canción de trópico
textura y brillo de corales y arrecifes.

Soy partícula de tu pasado
pulso y sangre
de tu proyección y suma.

Humus

Ocre de plantaciones
suavidad de mantillo
sombra que acoge las hojas rendidas.

Masa
de moldes quebradizos
y regazo de la almendra.

Alfombra de inquietudes
reposo y alivio para los andantes.

Cuna para las semillas
sendero de hormigas y cigarras
escondite de los grillos
renovación oxigenada

tránsito de lombrices
de troncos a rizomas.

Piedra angular

Compactación de la materia
en sus enlaces y transformaciones
que revelan el transcurso del tiempo.

Soporte para el paso
descanso en el regazo de la roca.

Fortaleza para el arriero

concentración del pensamiento
cuando el horizonte presta
abanicos de nubes a pupilas.

Piedra
concentración de estirpe
entre los pliegues de la serranía.

Protección de sonidos y de hallazgos
cobijo de pequeños andariegos
resguardo, norte y guía para los errantes.

Mineral sagrado

El mineral
concentra los secretos antepasados
y con ellos diseña el prisma de la roca.

Arquitectura del principio
núcleo de esperanza
armonía de los caminos.

El viento que pule las piedras
acoge el dolor de las madres

de los desterrados y de los desaparecidos
como un murmullo antiguo.

Las voces
de los extranjeros de la tierra
trepan la astucia de elevaciones
para ocultar pálpitos en sus hendijas.
Purifica el dolor de la guerra
y lo transmuta en savia nueva.

Concentra las voces
de las multitudes
y convierte su grito
en crisol de mineral sagrado.

DESIERTO

Arenisca
derroche de extensión
espejismo de medio día
textura terracota
rojo casi ámbar del atardecer
que diluye el día en la penumbra.

Arena movediza
protón, neutrón, electrón
órbita, movimiento, perfección
espacio, evolución y complemento.

Estampa primigenia
en el espejo de Nazca.
Origen de Sahara
contenido de Atacama
envoltura patagónica
conjugación Guajira
confín de Tatacoa
principio Ártico
culminación Antártica
Mástil y remo
en la contemplación del Universo.

Espíritu de la cosecha

Síntesis de siglos
en la hoja que brinda su virtud
transformando la luz en sustancia.

Derroche que será flor y fruto
en la coreografía del paisaje.

Columna para el ritual de las abejas
la vacilación del colibrí
la rendición de mariposas
el despilfarro de aromas.

Equilibro en la hora horizontal
cuando las manos se abren
para recibir en manojos

Sinfonía del orbe

el alimento
que alegrará los rostros y las bocas.

Envoltura de gramíneas
vigor de lunes y de auroras.

Alforja de la vida

Pulso de nube
embrión de ola
chispa de páramo
embrujo de las fuentes.

Alforja de la vida

Con leves pinceles
diseñas esculturas
y acomodas equipajes
sobre las montañas.

Desde los picos andinos
envuelves malabares en los contornos
y las precipitaciones de tacto eficacia.

Caudal y cauce de riachuelo
cascada y remolino
torrente y murmullo,
avanzas en las ondulaciones.

Bordeas perímetros
rasgando amaneceres
entre las murallas de la piedra.

Cascada
en recodos de montes y parajes
cortina de marfil, te entregas sin reserva.
Cristalina, juguetona
en los poros del campo
vigorizas la raíz que levantará
tallos de variados matices
que acogerán nidos
y lanzarán viajeros
a poblar otras estaciones.

Fuente y alimento
de especies saltarinas y calladas
concentras la vitalidad detrás de una espiga.

Filtro para el arco iris
tejido de musgos
incendio de heliconias
voz del Himalaya hasta los Andes.

Decantación de nubes y de arroyos
jornada y razón de la parcela
máxima curvatura de la ola.

Resonancia del trueno
queja del chubasco
ciclón que arrasa y golpea
y destruye y lava y pasa.

Y después
de las borrascas
y de los torbellinos
y de aplacar las polvaredas,
cantora incansable
respiras tranquila
y te fundes en el corazón del mar.

NEVADO

Los dieciocho picos
tocan el espíritu de las nubes
atraen e hipnotizan las miradas.

En su contorno
lagunas y cascadas alientan el camino.

Masa de marfil, escultura del orbe
máximo trofeo de la cordillera.

Embrión y linaje de las fuentes
desafío de los vientos
fuerza piramidal de la Tierra.

Santuario
para los errantes
concentración del letargo
fundamento del alba
ropaje de marfil sobre la roca.

Después de abrir el abanico
de perfección a retinas y distancias
habla al oído de truenos y relámpagos.

Al final de la tarde
entre el manto de nubosidad
esconde el anuncio del amanecer.

Y al despuntar el alba
extiende el diamante donde surge
la acrobacia del rey de los Andes.

Escondite para el sol

Ligeras de equipaje
las nubes emprenden la libertad.

Se retocan de marfil
y ascienden en zapatillas
a disponer sus peldaños de regocijo.

Extienden su marco de rostros y esculturas
que cabalgan detrás de sus rebaños.

Escondite para el sol
juegan a formar islas de sombra
sobre los prados y las arboledas.

En la pausa del día hacen guiños
en el declive de las montañas.

A veces se tiñen de perla, púrpura, o gris plomizo
a paso blando recogen ilusiones en sus cántaros
cuando se cansan sueltan su equipaje de juventud.
Una lluvia fresca anuncia el momento de la retirada.

BORRASCA

Se precipitan las gotas
en tropel por los montes
y aceleran el viaje por la pendiente.

La borrasca atropella
y las voces se pierden
detrás del árbol caído.

En su furia Tifón envuelve
la curvatura de la noche
lanzando instantes de fuego.

Huérfanos los cultivos
se hunden en el lodazal.

¿Cuántas especies
se pierden en el torbellino?

Las manos del labriego
rescatan los utensilios
que abandona la borrasca.

Los altibajos del tiempo
dan cuenta de las siembras perdidas.

Sólo la luz asoma en la mirada
del niño que abre la esperanza en la ventana.

Sequía

El aire no logra controlar
la polución que aúlla
en las grietas de los campos.

Grandes bandadas
de aves se han marchado.

Sólo quedan las huellas
en la pupila pegada al horizonte.

Algunos árboles mantienen
con dignidad su altura.
El cauce apenas sostiene
el rastro de escarabajos y lagartijas.

Cruza el soplo del calor
e incendia el pie de la colina.

La sed deambula sorda,
con pasos de gigante
por laberintos de madera.

El grifo inútil
preside el fregadero
y la jarra en la mesa
permanece abierta al vacío.

El arcángel de la lluvia
prosigue sordo ante las súplicas.

Viendo el mar

Las horas caminan
entre los escombros.

Algunos sonidos asoman de las rocas
se acercan, me intimidan.

Pasa la curvatura del ave
que alcanza su presa en mitad de la ola.

Me quedo viendo la extensión
del mar que se aleja
hasta el último rayo de sol
para comprender que el viento
y sus fantasmas
rozan mis hombros y se marchan.

Inicio del olvido

Hay una lección
de agua y de rocío
en las nubes que se maquillan
mirándose en la fuente.

Queda el labio entreabierto
ante la corola y el viaje
que emprende la libélula.

Puedo tocar los pétalos
de una heliconia o una orquídea
en la espesura de los Andes
y alcanzar otro peldaño
en la altura de la cordillera.

Hago el inventario
del deseo sin beso
sin mirada y sin hallazgo.
Puedo levantar el rostro
sobre el pasado sin nombrarlo.

Puedo verte a los ojos
y saber que eres presente
y vitalidad y ausencia
y pronto serás inicio del olvido.

Brazos del viento

*Silbo de los bosques
fiera en las madrugadas
puente para las miradas.*

La eternidad me mira

Abro el libro de la verdad
sobre el atril del mundo.

Gravita la inmensidad
y la mente sacude sus gavillas.

Hay sonidos de violines
y ecos de trombones.

Afuera el águila extiende su libertad.
En su viaje vigila la lujuria
de la tierra renovada.

El universo se humaniza
en la espina, en los nardos
en el azabache del carbón
en el efímero barro de los tiempos.

Hay música
de corazón y arterias.

En el envés del tiempo
la eternidad me mira.

ESCENARIO DE VUELOS

Esfera del sentir
sinfonía del monte
murmullo de la tarde.

Resonancia de mensaje
confidente de cañadas
rumor de las colinas
perfección del vocablo.

Aire
escenario de vuelos y acrobacias
columpio entre vegetales y animales.

Sustancia para el canto
concentración del pensamiento
pulso de la palabra
abrazo en la despedida
equilibrio en las distancias.

BRISA

Pulsora de flautas y de quenas
rumor en las hojas, pasajera del viento
roce en la ventana de la espera.

Voluntad sobre la arena
verdad impalpable y sutil
consejera de los días y las noches
arpegio en la madrugada.

Pentagrama de canarios
festival de timbales
resonancia de tambores
eco de trompetas.

Suavidad de la danza
culminación de risa
secante en nueva lágrima.

Brazos del viento

Desde el manto de la montaña
el sonido prolonga sus hilos
hasta el corazón de la tierra.

Los brotes hacen piruetas
con el vapor en las hojas.

En el pentagrama
de arco iris
abejas y pájaros
cuelgan sus cantares

Entre tanto

los dioses estivales tejen sus sueños
con las fibras profundas de la Tierra.

CONCIERTO DE ABRIL

La magia de las notas
asume el ritmo del aire
contagia los cerros y las nubes.

Los tambores y la flautas
marcan el compás
a las palomas danzarinas.

Los gorriones puntuales
repasan la melodía
en la enredadera
que asciende la mañana.

Con pulso de cristal
se abre la lección
pétalo a pétalo
entre el diamante de los tallos.

Desde la ventana que vigila el jardín
parte el vuelo
con su equipaje de sol y aroma.

Lección cotidiana

Desde el tiempo del oficio
escucho la voz de los timbales
las flautas y los clarinetes.

Dos notas lanzan su aventura
del piano a la ventana.

En la punta el cerro
el sol hace guiños
tras las nubes.

Es el ensayo
por la sonrisa del mundo.

Toda ambición es frágil
ante las manos que crecen
por el prodigio de la magia
para que un oído entreabierto
disfrute los espejos de la fantasía.

Del sentir al corazón

Parpadea el mensaje
en la página del viento.

En la ventana
un canto susurra
su leve línea primigenia.

Es el prisma del lenguaje
que va del sentir al corazón.

Aún me busca

–Yo aguardo–

con el oído y una lámpara
muy cerca del portal.

MURMULLO DE LA NOCHE

La puerta que abrí, sin proponérmelo,
era de signos salpicando el cielo.

En un sueño nos mecimos
en el columpio de la brisa
que se apoyada en la tarde.

Nuestra intuición es el vuelo
que cruza los espacios.

El reflejo de la ola en la palma de la mano
el timbal que se diluye en el murmullo de la noche.

En mi recuerdo
serás una alegría en braille.

Ahora me pregunto
¿Qué verdad hay en tus ojos
qué símbolo huye del tiempo,
de tus latidos y mis labios?

Esencia humana

*El relámpago
imprime la fortaleza
en las vísceras del mundo.*

Fuego

Turbión, erupción, volcán
carmín de la begonia.

Amanecer donde confluyen
proximidades y distancias.

Terciopelo de mariposas
ritmo de saltamontes y cigarras
al compás de sus tonadas.

Escudo contra el miedo
fortaleza de los días
vigilante del mundo
a orillas del tiempo.

Lenta espera
en la acumulación de las batallas
final de la convocatoria
de nuevos holocaustos.

Paciencia callada del grito ahogado
bajo el cielo revuelto de objetivos.

Abanico
donde el suspiro ahoga la nostalgia.

Brío del caracol
detrás de su coraza,
respiración cutánea
entre el humus y la piedra.

Agilidad de la bacteria
que simplifica las partículas
en la capa oxigenada.

Relámpago, rayo
turbulencia de los días
victoria ante las dudas
templanza y fortaleza del espíritu.

Después de las heridas
y de las muertes cotidianas

Fuego
eres vitalidad y condición
de quien se arriesga y sobrevive.

Palabra y gesto

Desde el desafío
asumo la vida en su principio.

Al final del espejo
está la suma de los tiempos
la huella de los amores perdidos
el descenso del día en el regazo de la noche.

Asumo la palabra y el gesto
los pasos y la mirada de asombro
la gota que circunda el universo

la elíptica circunstancia
la medida que no se nombra.

Asumo el canto de las hojas
la descarga del rayo
la caricia de la nube
el abrazo y la distancia.

INSOMNIO

Cada quien
alquila una esperanza
y lanza una ilusión por la ventana.

En los ojos de guardia
el soldado graba esculturas
y repasa patios de recuerdos.

En la quietud de los símbolos
se agiganta una emoción.

En mitad de la nada
resurge un volcán de ideas.
Se expande en el desierto
que atraviesa la almohada.

ENSAMBLE DE VECTORES

El sonido se descuelga
sobre el jarro iluminado.

Es la chispa
que escapa de la sinfonía del Cosmos.

Proviene de otra elíptica del tiempo
de un logaritmo que descubre
la virtud escondida entre los astros.

Es la forma vectorial
de los contornos del alba
antes que se impongan
las perpendiculares del sol.

En esa ruta aún no fragmentada
se conjugan los signos y los anagramas.

Columpio del sonido
que va y vuelve
entre el arrullo del amanecer
y el instante de quietud.

Las manos

Las manos son sabiduría
cuando juntan el sueño y la vigilia.

Entre las manos la ilusión se gesta y crece.

Las manos
tocan, suavizan y sanan una herida.

Las manos son el universo
creando sus espejos.

Las manos inventan el oficio
prolongan el gesto del amor
y hablan cuando la voz declina.

Ellas alimentan las horas.

No pongas en las manos
los reproches ni la punta de la ira.

Esencia humana

I

Voluntad concéntrica
en el vibrar de movimiento.

Cristal
sin códigos ni estaturas
en el misterio develado.

Reinvención en las rutas del aprendizaje.

Línea vertical
perfección de espacios en los hilos de plata.

Proyectas la evolución y trayectoria
en los prismas que imprimes a las variaciones.

Esencia piramidal
en la nueva señal de vida.

Los vientos
te muestran los abismos
que un día descendiste
resbalando el miedo y la fatiga.

Eres corazón de aire
a salvo de la limitaciones
del peso y de la forma.

Esencia humana – esencia mía
puntualidad de mensajes
diseño y tinte de sueños
óleo y pinceles
trementina y regocijo.

Pulso de alma
calma en la caricia
escándalo y clemencia

Rueda en el asfalto.

II

Aquí estoy de cara hacia la nada.

¿Quién soy?
¿En qué instante
se quedó mi yo
en la puesta de sol del mar Caribe?

¿A qué hora se dispersaron los abrazos
y se quedaron los afectos truncados
en el asfalto de una ciudad innominada?

Soy
leve partícula
contemplo, siento, escucho.

Esencia mía
arriba, abajo, este, oeste no existen.

Fuerza centrípeta de la estrella
eres pasado y futuro fusionado
en la ofrenda del presente.

En ti
se agiganta la palabra
la pasión y la fortaleza
los signos y los gestos
que construyen una historia.

Se rompen las barreras
de las noches y los días
cuando abro el comienzo
del nuevo lapso de la vida.

Desde mi corazón
el sol comparte sus virtudes
con las pequeñas criaturas.

Esencia mía
libre de los muros
alcanza el espacio
que acoge sin pausa, sin medida.

Esencia mía
un día fui estructura, contenido
enredo de mis pensamientos.

Ahora
el espacio no pronuncia
no juzga, no rechaza.

Eres roca, árbol, nervadura
humus que se entremezcla
para arrullar la vida.

Esencia múltiple
fuerza paralela del átomo
en el vibrar del insecto
en el movimiento de la ola
en la arista del peñasco
que vence la fuerza de los siglos.

Ahí estás
en el plasma elemental
en la invención y la pausa
eres partícula del cosmos

moldeada por hilos del tiempo.

Inventarios

De la antología *Mientras el tiempo sea nuestro*

2013

Por las calles de Beijing

Por las escalinatas que elevan
el primer trecho de muralla
surge la mítica montaña
que en invierno se vuelve plateada.

Al norte de Beijing un guía enseña
la historia de las trece tumbas y las dinastías
que impulsan la fortaleza de China.

Beijing despierta antes de la madrugada.

Por sus grandes avenidas el futuro
intenta ganar la partida a las bicicletas.
Las gentes por las callecitas de tierra
aún comparten la charla que antecede a la cena.
Las familias de todas las casas de la cuadra
se animan conversando un té
antes que la sombra cubra el día.

Aún los mayores portan sus trajes al estilo Mao
y su presencia renueva la virtud de los andantes.

Por los laberintos de Beijing
en alguna tienda o en un toldo
se puede conseguir un alivio
para la garganta y un amuleto para el alma.

1996

Disfrutando Hamburgo

A María del Rosario Castro

Cómo resistir el hechizo
que congrega el Elba con el lago Alster
mientras la mañana impulsa vuelos
y trae aromas de otros hemisferios.

Levantarás la mirada ante las catedrales
de San Miguel hasta Santa Catalina,
pasando por San Jacob y llegando a Nikolai.

Algún viajero te invitará a abrir el corazón
con la pluralidad del arte en el Talía.
Caminarás lento por un costado,
te detendrás en una galería moderna
y sentirás que tienes añoranza de otra vida.

Suspenderás los pasos
En el Planten un Blomen
escuchando la brisa en el ramaje de los árboles
y tu mirada se irá detrás de los cisnes
que danzan al compás de Strauss.

Caminarás sin detener el ritmo
y llegarás a uno de los canales que vuelven
la emoción a la Venecia antigua.

Alcanzarás la esquina del embarcadero.

Ahí
en la arista de la nostalgia,

en la Puerta del Mundo
frente a los enormes buques

levantarás un leve suspiro con ademán de adiós.

El Báltico desembarca sus olas
a los pies de la despedida.

2008

VOLVER A BERLÍN

Para Aura Bauer

Por las calles de Berlín
soy una mezcla entre el ritmo
de la ciudad y los cambios del corazón.

La puerta de Branderburgo
ahora es un espacio para tomar fotos.

Y luego
grandes filas se apresuran
por llegar a la Cúpula del Parlamento
mientras el viento sopla desde el oriente
y las hojas se estremecen, tiemblan
y resbalan la tarde que se desliza
sobre los techos, los trenes y los transeúntes.

Al este de Berlín
descubro la nueva historia.
Soy un fantasma
entre los rostros baldíos
que portan una tristeza antigua.

Ahora se camina con gabán
por los grandes jardines,
que muestran nuevas esculturas
en una galería recién inaugurada.

Me gusta ascender
cada peldaño del Ángel de la Victoria.
Me gusta llegar hasta sus ojos y contemplar
una ciudad múltiple, audaz y soñadora.

Me encanta
encontrar en Berlín
un bar de múltiples idiomas
me gusta la exactitud sin objeciones.

Volver a Berlín
es una sensación de variados acentos
unas calles de verde-azul-y- pardo
con el condimento de palabras nuevas.

2007

Camino a Hameln

A: Leonardo y Liesel Canales

El sol desglosa su brillo
entre el temblor de las hojas
y la aventura de las ramas salpicadas
de óleo y trementina que cambia
el ritmo de la tarde en retirada.

El rojo – amarillo
terracota – ocre – fresa
se descuelga
desde las nervaduras
y se mezcla con impulso
en el ancho espacio
donde los brazos
de los molinos de viento
impulsan otra perspectiva.

Una flauta misteriosa
trae la fantasía perdida
y acomoda sus notas
por los jardines de Hameln.

Yo, furtiva entre las gentes
inventando otra vez mis pasos alquilados
atrapo el aroma desbordante de este octubre
y lo vuelvo a soñar cuando el viento esparce
por los campos el bronce, el oro y el carmín.

2008

Embrujo en París

A Ricardo Abdalah

No es tanto caminar por París
como degustar un vino
mientras los transeúntes
enseñan la variedad del mundo.

No es tanto que las hojas ocre
te envuelvan en una tarde de otoño
regresando a pasos lentos de los Elíseos.

No, no es tanto eso.
Es ver y respirar el cielo
y deambular por los costados
en un boulevard del centro.

No es subir la torre Eiffel
y contemplar el Sena que pulsa
laberintos de la ciudad.

No, no es tanto eso.
Es encontrar en cada esquina
una arquitectura que deslumbra
y hace caminar despacio
y detenerse a contemplar de nuevo.

No es ir al teatro
es sentir que París sueña
y que eres un sueño en París.

Es ver los múltiples rostros del arte
y sentir la música que todo lo contagia.

No es ir a Notre Dame
y pedir uno o tres milagros
para que el mundo cambie.
Es visitar cuadro a cuadro el Louvre
sentir en la epidermis la fuerza de Mallarmé
extasiarse en el viaje de Rimbaud
cautivarse con un verso de René Char
y fundirse en el canto de Edith Piaff.

2009

CÚPULA DEL DÍA

Hoy traigo
el aroma que concentra la begonia
la constancia de la abeja
el rocío y el delirio de la madrugada.

Convoco a los instintos
de praderas, bosques, desiertos y de océanos
a la brisa, al otoño y a la primavera
al granero y su esperanza

a la levadura y al horno de la idea.

A los rostros capaces de la risa

hoy los convoco
a diseñar la cúpula del día.

Pendiente de un susurro

Aquí estoy como el caracol
que envuelve el silencio en su coraza.

Escucho el ritmo
de los pasos idos
admiro el mutismo de las piedras
y asimilo el sentir de los extranjeros de la tierra.

Atiendo
el rumor de la tarde en retirada
y la polifonía de las cigarras
entrando en el corazón de la noche.

Siento el ritmo de la sangre
el clamor peregrino
el tiempo que pasa con su prisa
en el pulso alborotado.

Miro las vitrinas de alegría y de poder
los intercambios de juicio y de valor.

Siento los golpes de la víctima
y el sacrificio perpetuado.
Siento el pasar del hoy al después.

2010

Hilos del tiempo

Los que tropezaron con la muerte
en la mañana de su primavera
dejaron una melodía inconclusa.

Ellos solo escalaban peldaños
acomodaban espacios entre sus brazos
y llenaban la casa de propósitos nuevos.

Ahora pensamos, sería justo escucharlos.

Pero solo hay un mutismo que se prolonga
por la habitación, el patio, la puerta, el aire.
Sus huellas de amor escapan por las hendijas
y los recuerdos se pierden en los hilos del tiempo.

Un susurro apenas perceptible asoma desde el balcón
y entra con el aroma del jazmín a recorrer la casa.
Aún cuelgan de la pared los cuadros
con la mirada perfecta en las fotografías
que persisten en la sonrisa y la esperanza.

En la ventana que mira al jardín
se levanta la soledad sin perspectiva.

Los que tropezaron con la muerte
cuando organizaban la vida
ahora son confidentes de la hierba que crece.

                                        2012

Extiendo la mano

Por los que se marcharon
sin un gesto para el adiós.

Por los pisoteados y amenazados
por los que fueron desarraigados
y puestos en mitad de la miseria.

Por los que esconden cicatrices
y por los que caminan despacio
para ocultar el rostro de su tragedia.

Por los condenados al destierro
por los que construyen
cambuches anónimos en ciudades de acero.

Sinfonía del orbe

Por los que recuerdan
los cantos y los juegos de infancia
las promesas de amor tatuadas de juventud
y un cafecito en compañía.

Por los líderes callados
por los que no fueron líderes ni nada.
Por los hijos de la niebla y de los robles
que sólo sabían del río y su parcela
y también sucumbieron al horror de la violencia.

Por los restos en una fosa común
por la guerra en nombre de la paz.

Por un suspiro, por una mirada
por los abrazos y los afectos truncados
extiendo mi mano y presto mi voz.

Soy sustancia y palabra en medio
de la mezquindad humana.

2010

Noticias habituales

Después
de las últimas noticias
se van cerrando las ventanas

y la urbe se desliza
en las almohadas de la noche
hasta atrapar la última galaxia
del sueño individual.

Entre tanto
el viento esparce
las noticias por los callejones,
ruedan y se levantan otra vez.
El viento arremolina
las pautas publicitarias
y las fotos de la vanidad y el crimen
se confunden en el mismo sitio.

Se tuercen las palabras
entre los andrajos que cubren
el frío y la desnudez de alguien.
Por laberintos sinuosos
las grandes noticias
van a la estancia del olvido.

Con el primer signo del alba
saldremos en el amanecer de la ciudad
una vez más a conjurar la vida.

Cruzaremos las avenidas
donde unos cuantos en su carreta
limpian la basura de la noche
y espantan con optimismo
el ruido de la jornada mañanera.

2010

Canto extraviado

Soy un canto extraviado
de un tiempo extraño
que atraviesa la memoria.

Soy
la expresión en contravía
el pulso del tumulto que camina

Hoy la ruleta del tiempo
otorga el triunfo a mis pupilas.
Refulge el rayo que enceguece
las horas y mi voz altiva
pronuncia vocablos
de la multitud que marcha
por el ritmo de las circunstancias
de la historia que no se nombra.

Ninguna palabra
se esconderá en mi voz.
Ninguna voz quedará en el silencio
ni en el abismo del olvido.
Soy el canto extraviado
amuleto de libertad a la deriva.

2012

Rosa Atilia

A mi madre
le gusta la lluvia
y aún corre descalza
por la alameda de los recuerdos.

A veces persigue
itinerarios de abejas y de hormigas.

Siento su alegría de niña juguetona
corriendo entre abril y mayo
y el titilar de las estrellas.

Las cuerdas de su tiple lanzan
enigmas y coplas al correo de la brisa.
Ella descifra el aroma de los naranjos
armoniza los guijarros y los almendros.

Mi madre creció derribando muros
y me entregó su palabra
de alabastro y viento.

A veces la imagino adolescente
escuchando una guabina
mientras soñaba el futuro
de la vida creciendo en su vientre.

No sé si sus risas
se cansaron con la vida
cuando la lluvia giró a tormenta.

Aquí estoy
la miro desafiando
las bestias de la noche
para traer ángeles a las cunas
y a las almohadas de los que se han ido.

                                    2012

NOCHE IMPAR

Será una noche que deslice el vino
y tu aliento por mis poros.

Será una noche de lluvia de estrellas
cuando Acuario se aproxime a Capricornio.

Una chispa de luz filtrará las hendijas
de una ciudad extraña
cuando mi cuerpo estremecido
grabe la ternura de tus manos.

Noche impar.
Mi talle sencillo, oprimido
y mi espalda de agua
que espera las notas suaves
de un trombón o una guitarra.

Será una noche de mitad de enero
y una multitud de estrellas
descolgándose en mis hombros.
Encontraremos el amanecer
en el mismo tono de la vida.

Quizá nadie nos nombre
nadie nos reconozca.

Desde este amor ausente del tiempo
te siento, te renazco, te necesito.

2012

Contrastes

Me encanta el jazmín.

Detesto la pulcritud del blanco
en los cuellos de quienes asumen el poder
sin pensar en los más necesitados.

Disfruto la transparencia del vidrio.

Desconfío de las pulcras decisiones
que aplastan multitudes.

Sinfonía del orbe

Me relaja el azul
de la atmósfera que recubre el mundo.
Aborrezco el recalcitrante tradicionalismo
que aniquila el paso de las libertades.

A veces me visto del rojo
de las buganvillas y de los mangos.
Abomino la sangre derramada
en nombre del fundamentalismo
y de las guerras prestadas.

Me encanta el amarillo
de las naranjas y las mandarinas.
No soporto la contaminación de las aguas
los bosques aniquilados y el aire viciado.

Hay tardes de leve lluvia
que cristaliza el arco iris en sus matices.

Retorno al ejercicio cotidiano
al canto de los chicos y de los grandes.
y regreso a casa y creo en la sonrisa
y en el abrazo.

2012

Evocaciones

Con el peso del tiempo
sobre la caída vertical
del cronograma
se obtienen los resultados
de la sumatoria.

Ahí los amores inconclusos,
la casa construida
las fotos memorables
y una dedicatoria recursiva.

La hoja carmín alcanza
la última curva de octubre,
envuelve los girasoles de los viajes
las eternas discusiones
acerca de lo previsto y lo imprevisto,
las ciudades y sus avenidas
con las gentes desiguales.

La tarde trae el mantel
del inventario de los días cálidos
y uno que otro suspiro
por las frases no escuchadas
el café incompleto
la ventana abierta
y la puerta a la deriva.

2012

Sinfonía del orbe

Pasos alquilados

Ibagué, 2011

*Los más sagrados de los días sagrados
son aquellos
que celebramos solos en silencio
y apartados;
los aniversarios secretos del corazón.*
Longfellow

PRELUDIO

En el instante
de partir
el destello atrapa
los sentidos
y el asombro acoge la mirada.

Es el chispazo
que nos impulsa
a descubrir tesoros más allá
de cualquier figuración.

Sin embargo
cuando el corazón
tambalea a la intemperie
hay que volver
si el tiempo no lo impide.

Esplendor

*Lo bello
es repentino
momentáneo e inmortal.*

Planeta de bolsillo*

Recorro la elongación de un suspiro
y siento que tenemos derecho
a un mundo sin residuos
sin armas y sin humo.

Siento ganas de un planeta de bolsillo
para caminarlo a pie
sin prisa y sin horarios.

Un planeta con olor a vida simple
para sembrar abrazos y utopías.

Un planeta para respirarlo
con los árboles y los venados
orugas, mariposas y delfines.
Un planeta con mares de medusas y crustáceos
y la migración de vuelos del Ártico hasta el Índico.

Recorro la elongación de un suspiro
y protejo entre el bolsillo
mi planeta de bosques y manglares
sin ruidos en el aire y calma en las ciudades.

Un planeta con gente de conciencia verde
de manos dispuestas a madurar la vida
y el corazón crepitando al borde de la noche.

---

* Poema ganador del I CONCURSO MUNDIAL DE ECOPOESÍA, Tumbes, Perú, 2010

Mar Caribe

Mar de Antillas y de América
mar Caribe, mar sal, mar de vientos
mar de conchas, mar ola, mar sonido.

Mar teñido de perlas y corales
mar de la ciudad valiente
mar salpicado de playas y de islas.
Mar estremecido
en ondas de asombro y de reposo.

Mar merengue, mar cumbia,
mar boleros y nostalgia.
Mar de ausencias y de espera.

Mar espejo
del Sol y de la Luna.
Mar furia, mar calma, mar inmortal
mar abrazo, mar ternura, mar beso
mar que acoges todos los secretos.

Mar medido en otros verbos
mar en el que nazco y resucito.

Plural riqueza

El agua se funde con la tierra
y brota la primavera.

Tiñe de verde
prados, cordilleras y llanuras.
Verde de todos los matices
que permanece y se resiste a pasar.

Respiro
la forma como la tarde
deja su derroche a la deriva.

A nocturnas espesuras
su riqueza entrega el día.

Un rumor de hojas
levanta el vientre vegetal en la mañana.

En su contorno descubro la ternura.
Entre amor y naturaleza me divido y me concentro
y grabo en mí su poder de abrazo unánime.

Soy parte
de la tierra contemplada
que puso un día
su plural riqueza en mi camino.

Despierta el páramo

Sucumbe la noche
ante el primer guiño de luz.

Los copos insinúan su abertura
por la piel de la mañana.

Algunos trinos acomodan el paisaje
entre nubes adheridas a las rocas
y el viento que transporta pentagramas.

Despierta la faz del páramo entre frailejones
y diamantes que prolongan el horizonte
mientras los cristales del agua recién nacida
se descuelgan desde el monte.

La brisa hace piruetas con las ramas.
Un conejo hábil exhibe y luego esconde sus virtudes.

El venado cruza con velocidad galopante.
Entre tanto, desde la cumbre
el viento acomoda el vuelo del rey de Los Andes.

Vuelo de libélula

Delante de mí
una libélula contagia el aire
extiende el arco iris por la mañana
y se esconde entre las frondas.

Resurge del follaje
merodea con sus alas
y luego se posa
en las leves lagunas
que rodean las piedras
a la orilla del río.

Una libélula no dice nada
sólo hace temblar el aire
cuando se desliza por el paisaje
y su aleteo cambia el ritmo de la vida.

Esplendor

Recojo la pluma extraviada
que se eleva por la espiral del día
y concentro el gesto
en la perspectiva iluminada.

Ahí donde el amor canta
y el sol suelta destellos

que resbalan abiertos en remos
sobre el agua repartida.

Todo queda entre
el horizonte y la pupila.

En bandejas de rocío
la madrugada entrega sus banquetes
al esplendor del día.

AL COMPÁS DE LA BRISA

Al despuntar la mañana
las mirlas y los gorriones
armonizan el compás de la brisa.

Las hortensias acomodan
su ropaje y su corpiño
frente al espejo del rocío
mientras la azalea prueba
sus perfumes en el olfato del viento.

Se ruboriza el jardín
ante las perlas del prado.
Los geranios acomodan
trenzas de buganvilias
junto a los cartuchos
que afinan sus trompetas.

En el lienzo de azul profundo
se acomodan las esculturas marfil
con su equipaje y su boleto rumbo al sur.

Llegan mariposas
pintadas de terciopelo y de naranja.
El prado colecciona pétalos
carmín, violeta, fucsia y lila.

Entre tanto la azucena insiste
en despuntar su nueva estrella.

Curva de la eternidad

Vista de este lado
la eternidad
es una curva extensa
que deambula al margen de los continentes.
Mancha o mapa de su realidad
abstraída de toda circunstancia o medida.

Vista de otra manera
quizá sea una curva
sobre nuestros pasos.
Una curva sin límite de palabra
de pensamiento o proyección.

Inventario de cosas extraordinarias
o de los asuntos elementales.

Sinfonía del orbe

La brisa pule los nuevos presagios.

Y el ciclo se repite
de la tormenta a la calma
de la noche al día que renace
del corazón que palpita en espiral
del encuentro a la ausencia.

Somos tierra

*Cada semilla entrega
su esencia a la tierra.
De la tierra brota
el sueño de los bosques.*

Somos Tierra

Porque el viento
esparce por la tierra
las generaciones idas
no existe partícula escondida
sin memoria, sin esencia.

No existe gota en el mar
que no haya sido sangre, pálpito o aurora.

Cada gota de savia
en los tallos del mundo
ha sido arrullo y beso
amor y temple humano.

La tierra que pisamos
es el camino de los ancestros.
Somos la expresión de su cosecha.

Aquí estamos, de pie.
Somos evolución y sustancia
partícula de raíz, estatura arbórea
virtud de agua, prisma de la roca
sonido de la selva
abrazo, recuerdo, conjugación de vida.

Dentro de uno o dos milenios
alguien inclinará su cabeza
y escuchará acordes antiguos
cuando levante de la tierra
y acerque a su corazón
el puñado de murmullos
de sus antiguas generaciones.

CRISÁLIDA

En las fronteras de la duda
se puede escudriñar una verdad
mas no disminuir la fe.

Entre más se conoce el abismo
más fortaleza logra el germen.
No se eleva la cometa
sin el cordel de una pasión.

He cruzado los vientos
conozco la sequía
los aguijones y el profundo vacío.

Soy el as que rompe la crisálida
y el vuelo capaz de sobrevivir a la tormenta.

CÁNTAROS

El vientre de un cántaro
con sus tesoros aún protegidos
emerge a comienzos del alba.

El oro va saliendo
de las entrañas
de esa vasija antigua

al encuentro con la raíz
de la primera infancia.

El sol trashumante
vierte sus bosquejos
sobre la emoción dormida
y despierta el impulso
con su vibración intacta.

Desde el origen de los cántaros
una luz hecha signo se desgrana.
Siento el volcán sobre mis hombros
rompe silencios y rumbos
y las líneas se acomodan, se sueltan
en torrente, sin tregua y sin pausa.

Fecundación

Una chispa de amor desciende
sobre el lomo del tiempo
y la música del aire y de la tierra
arrullan la semilla, espejo de la estrella.

La montaña y el río
las alas y las ramas
acompañan el júbilo
del brote recién nacido.

La brisa inquieta recorre
el cuerpo de la montaña.
Festejan el cauce y la ribera
la cumbre y la hondonada
la cordillera y la llanura
el mar y la eternidad.

Yo, caminante de pasos alquilados
yo, de tránsito a la nada
llevo en mi cántaro
el amuleto de la tierra y de la estrella.

Después de la lluvia

En la cima de los montes
se estremece la espesura
con la descarga del rayo.

Las gotas repasan
la silueta de las ceibas
y las noticias verticales nacidas del cielo
se precipitan por los caminos
buscando el sendero del río.

Después de la lluvia
queda el paisaje limpio
y el aroma vegetal en los sentidos.

Después de la lluvia
los pétalos se atreven
y las anteras insisten
en propagar la vida.
Después de la lluvia
el viento esparce
el sueño de las gramíneas.

El roble blanco

En la tarde
al roble blanco
retornaban vuelos
mientras el arrullo del río
despedía los últimos rayos de sol.

La noche congregaba
el aroma del bosque dormido
y la Luna anunciaba la siguiente leyenda.

El roble blanco
guardaba historias
de vidas acogidas bajo sus frondas.

La fortaleza del roble
de más de tres siglos
cedía su tiempo.

El roble blanco
había amado y protegido
soñado y amparado.

El roble se doblegó
cumpliendo su destino.

Del aire nocturno descendió
un llanto tenue y antiguo.

MELODÍA DE GOTAS

Un hatajo de sombras
a prudente distancia
custodia mi lámpara
y mis pasos alquilados.

Las horas tejen
la lentitud del insomnio.
Una y otra vez
tropiezan el mismo recuerdo.

Afuera

el rito de las gotas
repasa las corolas
los tallos y las hojas.

Las virtudes bajo la tierra
preparan su próxima aventura.

Fiesta vegetal

Desde la raíz la luz busca su brillo
asciende la escultura de los tallos,
se vuelve brote y rama y arrullo de las aves.
Teje corolas, se vuelve estambre
concentra el polen y lo almacena en sus anteras.
Se torna jugo y almendra en la redondez del fruto.

En el derroche de colores
los jazmines beben blancura
las buganvilias exhiben
lilas, violetas y amarantos.
La azalea reparte sus perfumes
y la rosa multiplica sus ropajes
entre dalias y magnolias.

Detrás de la azucena
un grillo se esmera ensayando
sus ritmos monocordes
mientras la yerba de los prados
perfecciona su danza con la brisa.

La noche construye puentes
entre el polen y el germen.

Antes del amanecer un pequeño brote
brindará al mundo el nuevo rostro de la vida.

El júbilo de haber vivido

A: Valeriano Gutiérrez Monsalve
In Memoriam

El sol de la mañana
trae la sonrisa de mi padre
con su constancia en abordar
tiples y cantos rumbo al futuro.

El sol abre los ojos de mi padre
sobre los campos saturados de verde
y los bórgaros de alas blancas.
El sol lleva los ojos de mi padre
hasta los naranjos repletos de avispas y abejorros
las chirimoyas repartiendo almíbar
y una rama de latera para curar heridas.

Esta mañana el sol
contiene la fortaleza de mi padre
tejida de historia y de leyendas.

Mi padre
disfrutaba la fragancia de la tierra recién abonada
cuando los brotes salían al encuentro de su plegaria.

Contemplaba las plantas grandes y las pequeñas
narraba asuntos de encantamientos
y cómo volaban los canarios siempre a oriente.

Descifraba el deporte de las cabras
y un cuento de yuca y ñame que atravesaba el río.

Mi padre
marcaba los días con disciplina
de bosque y golondrinas.

A veces
sus palabras tenían
el tinte de la infancia
y las oraciones de los ancestros.
En sus relatos dibujaba ilusiones
y plantaba malabares de niño.

De adolescente soñó
compartiendo con Dios y con la Luna
y con un amor capaz
de sobrevivirlo ante la muerte.

En el horizonte de sus días
conoció las polvaredas
y la valentía de los guerreros
vencida por la violencia ciega.

Supo del dolor de la partida
y aprendió de los vagabundos
y de los errantes a respirar de nuevo.

Mi padre
conocía las borrascas azotando los cultivos
y advertía cuando llamaban los huertos y las aves.

De pronto
vi en su ojos
la bondad de la experiencia
la plenitud completa de la vida
y en su pecho un signo de paz irreversible.

Ese día como hoy
el sol trae el rostro de mi padre
con una sonrisa puesta al viento.

Insistencia

Una chispa de luz
enlaza
la mirada y los vocablos.

INXILIO

A: José Víctor Guerra y Elvinia Utria

Regresar
con la firme alegría
de hallar la sonrisa
y el encuentro del barrio.
El primer día de emociones
y luego, las siguientes miradas
te enseñan los espacios
y los tiempos ya ocupados.

El festejo
el único festejo
lo tienes en familia
en los recuerdos de la casa.

Aunque intentes caminar
las mismas calles y los mismos parques
tu figura delgada y los pasos alquilados
delatan tus gestos recién coleccionados.

El tiempo te ha separado de la vida y del afecto.

Cuando se inicia el exilio
la desvanecida lluvia borra el puerto de partida.

SANDRA LILIANA*

No era un día de luz flexible.

Por última vez
abrazaste a tu Simón.

Pusiste en su rostro
la mirada de amor intacta
con la promesa del nuevo encuentro.
Un secreto en el oído
la última recomendación
las manos que se aferraban
y el ademán de adiós
grabaría el instante de la despedida.

Y tú Sandra Liliana
volviste al ejercicio cotidiano
mientras el presagio
a tumbos abría brechas
por las entrañas de Haití.

Cruje la tierra
se abren las calles
y Puerto Príncipe se derrumba.
El caos invade el aire,
no hay pisada firme
no hay a dónde ir.

Una hora, unos segundos
se pierde el día
llegas a la eternidad.

El Universo multiplica estrellas
en la antesala de tu presencia.

---

* Sandra Liliana Rivero, muere el 12 de
enero en el terremoto de Puerto Príncipe.

RONCOS SONIDOS

Hay muchos
lugares abandonados
a través de un mapa
en un país del Sur.

Gente abriendo caminos.
Pasajeros
de distintos lugares y sentidos.

En lo alto de las torres
las campanas olvidan su propósito.

Roncos sonidos y ruidos
detrás de las esquinas
señalan que todo puede ser
separable, desmontable.

Se tornan
imperfectos los escondites

en rincones y cuartos
de casas ya cansadas.

Los portazos de medianoche
despiertan de un sobresalto.

Quedan abandonados los cuadernos
y las tareas escolares esparcidas por el suelo.

¿Qué ocurre?
El sentido de la vida
se trunca en un instante.

LOS DESAPARECIDOS

Un látigo del viento
trae la noticia de los desaparecidos.
El zarpazo de la incertidumbre
deja sin respiración la vida
y la libertad en la mesa del embargo.

Los postulados
engendrados por ellos
levantan banderas de amor
en los rostros desorientados.

¿En qué campo deambularán sus pies?
¿Bajo qué estrechez de mando deslizarán la vida?

¿Habrá un espacio donde quepa el vacío
y el llanto de los afectos truncados?

Los desaparecidos son pulso de cartas sin retorno
son rituales tallados en relojes de espera
la fortaleza y el dolor en contravía.

Los desaparecidos
son el temple de la esperanza y de la fe.

La condecoración de los desaparecidos
no ha de ser
la indiferencia ni el sello forzoso del olvido.

REALIDAD

Vertical la daga
desgarra los minutos al día
y rompe los bríos de los sueños.

Extranjeros de la vida
con una ilusión alquilada
y sin la esperanza de la tierra prometida
con la impotencia en las manos
vamos al camino de nuevos holocaustos.

Pasan las noticias
con su ruido al precipicio
y la ausencia deambula entre

las paredes y las puertas cerradas
buscando a ciegas un signo de afecto.

Todo pasa
en la ruleta del tiempo.

La miseria quebranta
las palabras y el timbre de la voz.

Retina adentro
apuntan la sed y el hambre.

Nada de cuentos de Oriente
nada de mil y una noches a la orilla de un sueño.

CIUDAD AJENA

He aquí de nuevo
la incertidumbre en los rostros
paseando las aceras prestadas.

He aquí la angustia
abriendo las cortinas
entre el pavimento
y la neblina de una madrugada.

Obstinada la vida
aún organiza sus postreras rutas.

Aquí estoy una vez más
con el pulso repleto
de una verdad de musgo.

No hace falta llorar
¿De qué valdría?
es el mismo mapa
huérfano de amor y de esperanza.

INSISTENCIA

La semilla cae donde quiere
no siempre donde ha de levantarse.

Quien siembra está descalzo
con su mano limpia y sus alforjas al hombro.

No siempre el plantar
altera los musgos, los pastizales
o la hierba que crece.

Se niega la posibilidad de la fuente
son necesarias las conjeturas
y las condiciones de la evidencia.

¿Habrá alguien
que examine su esencia
y encuentre dentro
su amargo contenido?

Sinfonía del orbe

A MODO DE PAUSA

En la pausa del camino
una piedra brinda su lomo
al descanso del alma.

Respira tranquilo el firmamento
y las estrellas perplejas
descuelgan su luz diamantina.

La pausa en el camino
hace posible la claridad de la memoria.

Del corazón una palabra
se escapa a otras dimensiones.

Suelta la mano
sus cinco alas al viento.
El viento se encarga de impulsarlas.

El pulso lo ha dado todo
ha entregado toda su extensión
a poblar nuevas estaciones.

Ser sureño

Es extraño no tener vecinos
ni raza, ni pueblo para caminar.

Se añora el río
y las palmas de cocotero
vigilando los caminos.

En este punto del orbe
merodean expresiones vacías
entre el frío y la ausencia.

Por eso se añora el sur.
Ser sureño es una forma
de respirar la vida.
Ser sureño es mirar despacio
y compartir adagios
no hablar solo y disfrutar
el viento que juega con los rostros.

El aroma del café
convida a compartir el jugo de naranja

Y luego
el oficio invade el día
y nos renueva en la memoria de la tarde.

Esta no es mi tierra
pero aquí levanto mi destino
aprendo a acentuar de nuevo las palabras.

Aunque me llame el río
el sabor a trópico

el sonido de una cumbia
y las sonrisas de la cuadra
aquí, en esta tierra
inauguro mis pasos alquilados.

TORRENTE DE LA POESÍA

La poesía es daga que apunta
directo al corazón encabritado.

Incendio que gana astucia entre los vientos
trinchera y designio para los secretos.

Bálsamo y abrigo para los viajeros
ungüento y aceite de ternura y de afecto.

Hurga las heridas y almacena la caricia.
Con el torrente del alma teje las palabras
y ancla la mirada en el temblor del sollozo.

La poesía atrapa el relámpago y el instante
se juega la vida al borde y en mitad del precipicio.

Rompeolas ante el mar embravecido
vela para el barco y corazón de los juguetes
playa que busca la huella de sedientos
confidente de especies saltarinas y calladas
hoguera que se multiplica con el beso.

Rendijas del tiempo

*La vida
se teje con instantes
que no caben
en el péndulo del tiempo.*

Rumbo de los equipajes

Una gaviota distraída
del entorno y de su tiempo
envuelve en su vuelo
una imagen más allá del mar.
Cruza el viento y las horas
y cambia el rumbo de los equipajes
en el lienzo desbordante del cielo.

A la antesala
de junio y su misterio
la gaviota ha traído
la música en tu rostro.
El aire congrega luces
abre ventanas y rendijas
y deshace nudos y virtudes.

La ciudad se descalza
y el mundo vuelve y gira
mientras mi corazón
acomoda sobre el mantel
un nuevo ramo de poemas.

No requiero de brújula,
explicaciones o respuestas.
Siento en cada poro
la voz de los timbales
de la guitarra, de la flauta y de la vida.

INTENTO DESCIFRARTE

En el horizonte
las nubes retocan esculturas
con el oro derretido en sus pinceles.

La brisa pasajera corea
en el batir de las hojas
mientras mi mente
salta de mañana a tarde
de página en libro
de palabra a espacio
queriendo descifrar
los signos en tus ojos.

¿Un enigma que emerge de la noche?
¿Será la transparencia de la miel?
¿El tono del mar ausente?

Desglosa la tarde
sus hilos sobre los valles
y se filtra en el ritmo del oficio.

Entre tanto la Luna
perfecciona su arco
se rodea de estrellas
y los pétalos tiemblan
y la noche se precipita.

El tono de tu voz

Despunta el alba
en los cerros que despiertan
mi sensibilidad de timonel.

Surge el canto
de los pájaros entre las frondas
de los alisos que protegen
el origen del futuro.

Se desliza el tiempo
y el día despliega su bronce
haciendo guiños a la zaga
de los aromas viajeros.

Bajo el alero del verano
examino las nervaduras
y la memoria antigua de las hojas
pretendiendo escuchar el tono de tu voz.

Levanto la mirada y sueño
que el aire es el puente
entre las más absurdas distancias.

RENDIJAS DEL TIEMPO

Agudo el oído insiste
en percibir tu voz
por las rendijas del tiempo
mientras la distancia
burla fronteras del mundo.

Vibra una vez más
tu nombre en notas de violín
y un tono suave y terso
me devuelve sonido a sonido
la ausencia que emerge
desde el eco del abismo.

Crece la sombra
enreda mis pasos
mis manos, mis sentidos.

Robo la astucia a los fantasmas
para encontrar el recóndito espacio
donde es posible el roce impalpable
el vuelo de alondra y el aire propicio.

Nuevo comienzo

Los rituales del misterio
anuncian el nuevo comienzo
y cae la línea vertical precisa
en mitad del día y de la vida.

El silencio y sus interrogantes
traen escondidos los gestos
y los asombros latentes que abren
los nuevos destellos del aire.

Sobre la arena del tiempo
verás el porvenir sagrado.

¿Cuántos huracanes has vencido?
¿Cuántas batallas has librado?

En esta esquina del orbe
miro los signos y los vacíos
entre la realidad y el mundo
revuelto de objetivos.

Salta mi corazón de fuego
sacude el viento y los almendros.
Te lleva mis latidos de fuerza
y de certeza hasta el nuevo comienzo.

ALTA NOCHE

Apenas adivino
la forma de su rostro
disfruto el tono de su voz
e invento la ternura en sus ojos.

Ningún pasado ocupa mi memoria
ningún recuerdo atrapa los sentidos.

No puedo pronunciar al mundo
hace diez o veinte lunas
un ayer o un instante.

Y sin embargo
la noche, la alta noche
sabe de mis labios sedientos
de la crepitación del corazón
gravitando el mar del olvido.

La noche
la alta noche
guarda los secretos
que lanzo hacia sus brazos
desde el remolino de la tarde.
Sólo sé decir
–jugué al azar–
el presente y el futuro
en la ruleta sin pausa.

Quizá enero
traiga una noche como esta
y encuentre una huella de algo innombrable.

Un borroso homenaje a la ausencia
y un poema diluido en los azotes del viento.

RENOVACIÓN

En el dorado renovado de mis tardes
y los tintes brillantes de tus noches
entre los azotes de los vientos
que crispan el comienzo de otoño
una y otra vez se acercan nuestros labios
sedientos, entreabiertos a la sombra
en el irrepetible abrazo de cuanto hemos sido
en el gozo salvaje de la curvatura sin tiempo.

Partimos tú y yo de cada extremo del mundo
por el espacio alunado con la ansiedad del encuentro.

El fuego crece y anuncia nuestros pasos
por los recodos de laberintos y abismos
y al descubrirnos en los ojos del otro
se anulan murallas y vacíos y distancias
y todo es posible en la piel y los sentidos.

Cuando el sol se pierde en las ondulaciones del Caribe
y la Luna esconde su leve arco entre las nubes
nos abrazamos y flotamos agónicos
con la certeza de renovarnos en la fuga del tiempo.

Volver a intentarlo

*El abrazo
es el idioma
que derrumba
las barreras del mundo.*

Espirales de tiempo

Desde el inmenso espacio
una estrella desglosa su brillo
en espirales de tiempo.

La luz
cruza lapsos siderales
y abre la cortina sobre mi almohada.
Irrumpe en la mesa y el papel
se prolonga en el pulso
y la palabra se viste de etiqueta
en medio de las horas.

La luz
desgrana su fuego
en mitad de mi costado.

Puente del arco iris

Desde este paraje
del arco iris en la cordillera
ensayo una ruta hasta
el centro de tu costado izquierdo.

Para llegar a ti
combino lluvias y soles

Sinfonía del orbe

impregnados de colores
páginas andinas y flautas
y tambores y chirimías del Caribe.

Con el calor del trópico
hilaré la voz de cafetos y naranjos
y sauces y robles y ríos diminutos
al compás perceptible del viento.

Extranjera del tiempo
de las verdades cotidianas
de la puntualidad de horarios
y de todo lo de ahora y lo de entonces
llegaré en un ala de libélula
hasta el misterio de tu alma.

Un instante
de encuentro más allá
del arco iris superando el cielo

será todo.

Aunque los siglos pasen
y borren los aconteceres
tendrás un amanecer boreal
entre sonidos apenas audibles.

Eso será mucho más que suficiente.

Astucia y desafío

Asimilo los reflejos
en la última espada de sol
que apunta a Guadalupe.

Miro estos poros que llenaste
de resoluciones de amor
y mi cuerpo hecho sobresalto
y fuego y arcilla y arte
y esta piel que sabe
al sabor de tus labios.

Mas el amor puede ser
peripecia en el abismo
astucia y desafío.

No separa ni marca rumbos.

El amor salta, sobresalta
sin derroteros ni rutas.

Es océano sin puerto.
Batalla y silencios
perfume y danza.
Talismán que descubre
la presencia del otro.

Conjugación de vida
relámpago de un recuerdo.

Adiós a un amor casi eterno

Desciende agosto
y la ciudad se cubre de capas marfil
acogiendo afanes y caprichos.

En los labios
una sonrisa indecisa
se acomoda entre el temblor
del sollozo y la ruptura del adiós.

El aguijón de la verdad
apunta directo a mi costado.

La noche ha fusilado el día.

Huérfano de amor
mi corazón vaga a la deriva
sin faros, sin norte, sin brújula.

Los recuerdos se hunden
en la arena tersa de la orilla.

Volver a intentarlo

Volvamos a empezar
a bordo de la prematura noche
en el vecindario del mundo.

Intentarlo vale
aunque sea por puro compromiso.

Nada no es mejor que un rato.

El viento siempre es variable como el viento.
Al caminar el tiempo se pierde o se gana.

Se despistó la dicha
entre las urgencias cotidianas
lo sabemos de pie y de memoria.
Si tomamos un faro al final de la tarde
podremos entrar a inaugurar la noche.

Quizá salgamos juntos
riendo como los primeros días
en el amanecer de otra vida.

Evasión

Era un amor
que se evadía por las ramas.

Como el eco
entre los escondites
de la enredadera
que asciende el muro del patio.

Lo amaba.

Enunciaba sus cualidades
y las tejía entre papeles.

En realidad

Era el peso de las horas
en la noche desierta.

MEMORIA LIBRE

Todo amor
se vuelve omnipotente

con el verbo se transforma
en mandamiento.

Todo amor es roce de los poros
y frágil trama de las ilusiones.

Es memoria libre
de las circunstancias y de los sentidos.

Fiel a su encantamiento

se vuelve eterno
cuando no conoce el tiempo
y se consume como sol en retirada.

IMPERCEPTIBLE

Aún así
invisible, relegado
el amor existe
a la vera del camino
diluido en el paisaje
ahí está
dispuesto a desdoblarse.

Cuántas veces el amor
desalentado, herido, golpeado
se retira, llega hasta el fondo
se esconde en las grietas de la noche
y aunque moribundo permanece.

Con frecuencia
el amor es un ángel
envuelto en el aire se que va.
A veces se esconde
bajo el cerrojo de una puerta
o en el trajín cotidiano.
En ocasiones tras las bambalinas
de las circunstancias
y sin embargo
estremecido, perdido en la oscuridad
ahí está
dispuesto a ser antorcha y fuego.

HORA DE ÁMBAR

Hace ya tanto tiempo
que parece hoy mismo en la mañana.
Caminábamos con las lecciones a cuestas
un trozo de adolescencia en las mejillas
y el destello del amor en la mirada.

Nos desvelaba
diseñar el futuro
en las redes del puerto
entre cumbias, risas y guirnaldas.

Mi memoria
acomoda nuestros pasos
en las alas de un pelícano
sobre el cielo dorado de la despedida.

Aquel día
abrazamos la emoción del viaje
guardamos las promesas de amor
y nos lanzamos a gestar la fuerza del agua.

Hoy
en esta hora del ámbar
un mensajero indefinido
trae la noticia sin pausa.

No sé orar
no sé recordar bien su rostro
no sé vivir este instante
de interrogantes y lamentos perdidos.

Viaje

La lluvia
llegará.

Dará de beber
a la tierra
y sus criaturas.

Cuidará los tallos y las flores
que llevan su fragancia hasta
el comienzo del olvido.

A simple vista

*Un instante de quietud
    lleva al asombro,
al hallazgo, al regocijo.*

El reto

Desde el corazón del tiempo
una caravana arranca
con el reto a la deriva.

Se detiene en mitad del día
en el círculo y los gestos.

El reto hace presencia
se vuelve altivo, imponente
hace piruetas
y se instala al frente de los pasos.

El reto es la roca que se impone
para descubrir el nuevo espacio.

El reto hace levantar la mirada
ilumina los dones
y hace posible lo inagotable.

La señal se agiganta
el alma vuela
antes de llegar al regocijo.

Vitalidad de las cañadas

Suelto la mirada hacia el norte
y extiendo el brazo al horizonte.

Desde las montañas de oriente
se precipitan los riachuelos
y la vitalidad de las cañadas
se filtra buscando el canto del río.

Las pupilas se nutren
de verdes, terracotas
y esculturas plasmadas
por el viento en sus laberintos.

Entre tanto,
nada hay que se aproxime.
Sólo el rumor de hojas,
nubes viajeras
y amores escondidos
entre fragancias de corolas.

A simple vista

No soy
de los mansos
que esperan heredar la tierra.

No me resigno
a sostener el telón
de la comedia
cobardía o bullicio.
Tampoco cargo estatuas
en el desfile de la codicia
como bandera redimida.

Estoy
en las pupilas de los estambres
a la expectativa entre las tinieblas
aguardando la aparición de la Luna.
La Luna que no redime pero sueña aún
sobre el mundo envuelto en sus designios.

Pasos alquilados

Despierta el día
cuando las miradas
los afanes y las circunstancias
ajustan el ejercicio de la vida.

Con una huella de tu amor
aún pegada en mi frente
y un amuleto en el bolsillo
avanzo las calles que ofrecen
tragedias y cantos y tristezas
a la orden de cualquier postor.

Sinfonía del orbe

Por fortuna
protejo bajo mi abrigo
la fuerza de tu abrazo.
Tropiezo con los gestos
que despilfarran planes
y aplastan de un tajo
la memoria de su tragedia.

Continúo entre las paradojas.
Advino el miedo del crimen
en los socavones de las esquinas.
Esquivo la polución de los autos
y selecciono anuncios de esperanza
en estantes, altavoces y vitrinas.

Comparto el ir y venir
de los asuntos transitorios.

Admito decisiones ambiguas
en el ritual interminable
de los trescientos sesenta y cinco
desiguales escalones del año.

Por suerte y por constancia
con el calor de tus manos todo es posible
la valentía, el temple y el aguante
en esta ciudad de pasos alquilados.

Mirar la tarde

Uno debe tener
espíritu de trópico
para asaltar el atardecer
donde el sol suelta sus últimos rayos
estrechando el encuentro con la noche.

No recordar ninguna miseria
cuando el viento transporta
el corazón de la cosecha
y roza nuestras manos,
despabila el rostro y las miradas
y sopla llevando los sonidos
a otros continentes.

Uno puede estar con los ojos
abiertos a una tarde de trópico
y hacer caso omiso de la nada.
Porque se es nada ante
la caída vertical del día
hundiéndose en la noche.

Voz de la infancia

La voz de mi madre inaugura
la mañana convocando al tinto,
mis hermanos corretean las cabras
y al fin se rinden al jugo de naranja.

Esa algarabía
ahora es casi abismo.
Los árboles
decantan sus dones en los frutos
arrullan cantos migratorios
y el mirto ondea sueños en el aire.

Y yo aquí intento
comprender el ir y venir
en medio del bullicio bogotano
intento asimilar los contrastes de la urbe
e insisto vanamente.

El recuerdo
de mi padre pasea los corredores
se acomoda en las ventanas
llega a la mesa, corta el pan
reparte la esperanza y las palabras.

Desde la casa de trinitarios
de begonias y de helechos,
desde la infancia que corretea dentro
desde esa casa el corazón me llama
e insiste en redimirme.

La Tierra

Errante la Tierra entre astros gravita
desde siempre y por siempre.
Planta nombres y acoge en su piel
cada signo en los senderos del tiempo.

La Tierra
se entrega sin reservas.
Nave de pasajeros volátiles
asombra al horizonte boreal del universo.

En su regazo ofrece
el paso del día hacia la noche.
Sabe de gigantes velas audibles al misterio.
No sabe de puertos de partida o de llegada
no sabe de vacíos, de odios o rencores.

La Tierra viaja, viaja.
Ella salpicada de humano contenido
en sus entrañas guarda las huellas
de los grandes transitantes
y de los susurros apenas perceptibles.

LEVE LLUVIA

Desde las nubes
los cristales sueltan
sus acordes en la cortina
que lava rocas y pastizales.

Descienden y aceleran el paso
entre veredas
hasta confundirse en las vertientes.

Se sueltan y se precipitan
y se rinden en el abrazo de la tierra.

Las gotas llegan al imán de la semilla.

De la tierra brota el milagro de la vida.

INSTANTES

Abro el día
y entro
en el sonido sustancial.

Espíritu de las arterias de la Tierra
alimento subterráneo
cuerpo vegetal

vibración de mar
viento y sol.

Lluvia bailarina
en la escala de arco iris
abanico en las alas del águila.

Vivo
los instantes que son
y ya han sido.

El Chicamocha

El Chicamocha se abre paso
entre las ondulaciones de las rocas.
El sonido pasajero levanta ilusiones
y lava la ansiedad de los fantasmas.
Múltiples raíces sustentan la savia
y elevan guardia de lealtad al cauce.

El Chicamocha se pierde entre arenas
mientras el sol asume perplejo
la contemplación sin límite.

Descubro rumbos
donde el azar tropieza
trechos de andares
en el brazo Oriental de los Andes.

El Chicamocha guarda
la huella de antiguas batallas
la fortaleza y el dolor de la guerra.

Crece mi sangre
con la fragancia peregrina
por las rutas de libertad abriendo paso.

El viento con sus duros azotes
perfila esculturas en los aposentos de la piedra
mientras los pasos de la raza comunera
perfeccionan la cumbre del futuro.

Naranjos, mangos, limones, cocoteros
guardan en sus ramas el origen del sonido
y las garzas llevan en sus alas el diamante de una nube.

El Chicamocha
congrega riachuelos y sedientos.
Va como un péndulo ofreciendo vida
entre los cortes caprichosos de las montañas.

Pasa la sed de la historia por sus aguas
y el conjuro vital del que persiste
inscribe su mirada en la roca milenaria.

Intervalos

Bogotá, 2005

La fuente

*En los bolsillos del viento
viaja la múltiple fecundación
hacia los brazos de la noche.*

Existencia

Sea dable a los humanos
una infancia extensa
y una vejez breve.

Una juventud plena
y la madurez en pausa.

Pues
el año es la unidad
de los recuerdos.

La hora
una salida por caminos desiguales.
El minuto
ese aproximarse a la quietud.
El instante
el fluir del corazón hacia el silencio.

La existencia
puede poblarse
de emociones, inquietudes
ataduras y misterios.

Sea cual fuere la realidad
el instante es vital
cuando se inscribe
en el cofre del recuerdo.

El río va

Contemplo
el pausado viaje del río
en la mañana de codornices,
picachuelos, alondras, mariposas
cigarras y montecitos de arena.

El sonido pasajero
bautiza las cumbres
bordea la silueta de barrancos
baña los juncos y los matorrales
toca mis manos y se marcha
en busca de su encuentro con el mar.

Aquí traigo mis pies descalzos
sobre las cenizas de un rayo
que equivocado de rumbo
rompió el comienzo de un día.

Las nubes
pulen la altura del monte
la brisa repasa sus notas
en las hojas de los árboles

un grupo de hormigas
organiza su excursión matutina
alcanzo el fruto
en el ramaje de la zarza

y el río pasa

pasa rumbo al mar.

Semblanza

La luz se mira
en su espejo vegetal.
Decanta su propósito
en la espesura del árbol mayor.

Hay un banquete
al que invitan
azulejos y mirlas.

Migrantes de distintos orbes
llegan a compartir la fiesta.

El desfile de colores
trae la semblanza
del invierno al verano.

La convención de viajeros
aprueba el tono de múltiples voces.

Poco a poco
en las piedras cercanas
se acomoda el público
de salamandras y ardillas
en cuyo rostro brilla
el entusiasmo y el júbilo.

Atenta
la brisa en la palmas
repasa en murmullo
el estribillo ancestral.

DESPIERTA EL MAR

Donde termina el cielo despierta el mar.
Playa adentro el mar acoge los palmares
acaricia los crustáceos en las rocas.

Repasa la orilla
ancla sus conchas y corales
acomoda el paisaje en el lienzo de la arena.

Como el marinero
estoy a la orilla del sueño.

En el corazón arden
emociones de vuelo.
Mis veleros viajan
por la ventana rumbo al Sol.

LAS PIEDRAS

Crisol de la experiencia
materia y obra realizada.
Las piedras
traen en su molde
la historia y el futuro.

Ofrecen su cabeza
al viento y a la lluvia.

En su contorno
hallan descanso los caminos.

Firmes, seguras
con su ropaje de musgo
dan techo a las pequeñas criaturas.

En el viaje del agua
surge el amarillo, rojo,
terracota, azul, plata.
De su arquitectura
nace el canto de las grutas.

Las piedras son el soporte de la Tierra
la fortaleza, la bondad y la esperanza.

La fuente

Con hilos de cristal
los retoños diseñan
sus futuros pétalos.

Sobre el sonido
se afirma el pincel
que retoca las sílabas.

El liquen
inaugura la roca
con delicados velos.

Sinfonía del orbe

Un guía recoge
el canto de las grutas.

En el regazo de las gotas
empieza el ritual que perfora
la tierra y cobija las piedras.

En vigilia
a lado y lado
el follaje extiende
su olor hasta el valle.

Un puñado de hojas
estrena su acrobacia
en mitad de la fuente.

Entre tanto

puerta a puerta
las abejas reparten
mensajes de amor.

INTERVALO

Retornar al origen
donde no hay principio
con su eco hacia el fin.

Ser la ola del Mar
que todo lo contiene,
piel de los crustáceos
movimiento pausado
en el ir y venir de la corriente.

Matiz descubriendo
recodos y estaturas.

Descifrar los espacios
en los hilos del viento.
Sentir el manto
de un cálido día
y el cielo salpicado de luceros
en un festín nocturno.

Ser por un instante
sencillamente ser.

COMIENZO

Siempre
hay un momento para partir.
Un enjambre de ideas
acelera el ritmo del paso.

Irse
abrir el sendero
y extasiarse
con el relámpago
de un vestido nuevo.

Tocar los espacios
y probar el tono del horizonte.

Desdoblar el secreto
de la pregunta
y hallar el tesoro refundido.

Entrar en galope
a la luz que vence
las tinieblas
y restituye el movimiento.

Trópico

Bajo el Sol Mayor
entro al
corazón del asombro.

Enero

Diciembre salta
y es enero en un parpadear.
El verano hace su pausa
y la noche convida sus estrellas.

Llega el instante
de salir
por la tierra, el aire
la eternidad.

Los esfuerzos
son comienzos apresurados.

Quiero leer
tocar la escultura de las letras.

Las estrellas, la Luna
extienden sus rutas
y me obligan a dejar
el libro por un momento.

DETRÁS DEL PÁRPADO

Detrás
del telón del párpado
toda batalla gana su propósito.

La creación
se viste de viento y alas
atardeceres rojos
amaneceres de Luna.

Pueblan las noches
luceros y galaxias.
Extranjeros de la Tierra
hablan de amor
y el Sol Mayor
se queda envuelto
en un costado.

Detrás del párpado
toda tiniebla tiene redención.
Las ilusiones construyen
castillos en playas y colinas.

Detrás del párpado
se ahogan los dolores
bañados por la noche.

Detrás del telón
se perfecciona el día.

Comienzo de mayo

La brisa arrulla
los retoños que elevan sonidos
por los escalones de la mañana.

El aire lleva aventura a los caminos
donde las ramas juegan a cambiar de orilla.

La altura de la hierba en su vaivén de viento
despierta los brotes de su renovado letargo.

Matices

Las cosas y su nombre
tienen sello.
Pasa la brisa
vestida de sol y cantos
sobre los hombros y las ramas.

Se alegran los brotes
con las noticias
de estambres y capullos.

Alcanza el día
su máxima pendiente
entre vuelos y matices.

Respaldan su caída
las montañas y los mares
mientras la noche prepara
su algarabía de estrellas.

TRÓPICO

Montan guardia en los balcones
los helechos y los geranios.
Por los corredores pasea
el eco de los duendes
y las mariposas subastan
sus dones entre hayuelos y naranjos.

Pétalo a pétalo
el jardín construye
su mecedora
entre las margaritas
las azucenas y las buganvilias.
Ebrio de luz y verdes
el horizonte extiende sus manteles
ante la cita puntual de la mañana.

De la pendiente
llega el murmullo del agua
que congrega el salpicón de hojas
en el equipaje de picos y cantares.

Los destellos de arco iris
prolongan
la cumbre de la cordillera.

Sueño de trópico
incendio de vida en mi costado.

Emoción antigua

El corazón
se acostumbra al transcurrir.

El asombro llega a los caminos
y de repente de detiene.

Una piedrecilla
sobre la quietud del agua
despierta los contornos
y la vibración del sentir
en la claridad del movimiento.

Basta el roce de una hoja
la caída de un pequeño tallo,
el caminar de un insecto
y en el agua aflora
su emoción antigua.

Por los que duermen

Por el sueño de los que duermen
hago vigilia a la orilla del mundo.

Voy recogiendo nombres
astillas de historias y secretos
detrás de los escombros.

La luz está en mis ojos
y este instante todo lo contiene
la plenitud, la fortaleza y la voluntad.

Por este instante fugado del tiempo
avanzo los ríos y los mares
disfruto el viento sobre los continentes.

Pasan los periódicos
de grandes fotos que aluden
lo mismo a la muerte que a la fiesta.

Desfilan por el aire
la estadística y la vanagloria de un día.

Recojo en los caminos
pedazos de corazón y colombina.

Por los pocos que duermen
por su sueño y sus fantasías
seguiré a la orilla del mundo
coleccionando retazos de vida.

Persistencia

*Los vegetales
memorizan sus secretos.
Antes de partir inscriben
su nuevo principio.*

Verano

A veces
el cielo es un gran tambor
retocado por las nubes.

De repente
una bandada de vuelos
anuncia la algarabía del viaje.

El sonido invade el Universo.

Un ejército de luces
abre su abanico
del bronce al amarillo.

Y la tarde
desciende lenta
sobre los tejados
y los pavimentos.

Noche multiforme

Un lomo se abre
y surge la página de luz.
Al fondo una canción
suelta el recuerdo
sobre la extensión de mi playa.

Esta noche viajera
despeja en lo alto
la geometría de las estrellas.

Rueda el tiempo
sobre el pulso y la ventana.
La esencia del café escapa,
insiste, recorre, reconoce
impregna su calor en mi espacio.

Esta noche
de café y estrellas
hace crepitar al corazón.

ARMONÍA

Entre el susurro de las ramas
surgen de vez en cuando
unas mejillas
teñidas del verde
al amarillo y luego al rojo
que perfecciona el sol
al ritmo del viento.

Antes que la noche
cubra el valle
las ranas y los grillos
ensayan su función
en el musgo del río.

Entre tanto
el viento arrulla las nubes
sobre las altas montañas.

Primera clase

Dos palomas inquietas
descienden hasta el corazón
de perlas extendidas en el horizonte.

El suave vaivén
da comienzo a la emoción
por los recodos del alma.

La magia
contagia la piel
y los sentidos.

Con dedos de cristal
el iniciado va y viene
por la ruta del misterio.

El asombro
cambia de ritmo al corazón.

Concierto No. 4

> A Irene Gómez

Un aleteo
roza las cuerdas
y va al aire
el alma de las notas.

El breve suspiro sobrepasa
el contorno del espíritu.

Renovado
el sueño de Bach
recorre la inmensidad
y los oídos guardan
un eco de misterio.

Ebrios los tulipanes
los anturios y las rosas
envolvían en su perfume
la dimensión de aquel octubre.

Los músicos

Los músicos
son el bálsamo para la Tierra.

Sueltan sus melodías a la atmósfera
y sus notas danzan y aclaran el aire
dando forma y brillo nuevo a la vida.

Traen consigo un misterio antiguo
y con él moldean el alma de los siglos.

Los músicos son el mar
que convoca el río y sus criaturas.

Son el puerto del Cosmos
donde la luz alcanza su máximo sentido.

Mente, corazón y oficio
son los músicos
—*ellos*—
nacidos de las alas de Ícaro.

LIBERTAD

*La distancia
prolonga el vacío.
En el corazón de la noche
se ahoga un olvido.*

Primer día en el exilio

A José Luis Díaz-Granados

Un gran golpe
cierra hermética la puerta
y quedan prisioneros
los años construidos.

Expulsados al frío
-*nosotros*-
extranjeros de nuestro propio molde
vamos al camino de lo incierto.

Todos los territorios
las casas
las familias
los amigos
tienen nombre,
una comida especial
y varias sonrisas de la cuadra.

Porque
Patria es
el territorio del afecto
las manos que endulzan
y comparten el café,
los libros y las luces
saliendo desde los apuntes.

Porque
Patria es
sonido

olor, piel, sol,
gesto, palabra
sabor, arena, mar.

Una joya
en la profundidad
de la otra mirada
y el ligero temblor
al acercarse a otros pasos.

Al estrenar este día
el corazón desorbitado
arrastra los pies de hierro.
¿A dónde?
La vida ha quedado atrás.

PRESENCIA

El presente
espejo de soles
y tempestades
a veces se precipita
a retirar las nubes.

La luz deja
sin remedio al descubierto
un remolino de recuerdos
del alba al corazón.

A martillazos
los gritos se ahogan
tras el telón del llanto.

El centro de la hora
impone autoridad y ritmo.

Entre las gentes
y las calles espectrales
avanzo como
una presencia de evidencias.

Yo estuve
ahí
junto a otras manos
construyendo, viviendo.

Atravesé con él los espacios
y los tiempos necesarios.

Caminé pueblos errantes
el séptimo esplendor de los reflejos.

En este comienzo del día
esquirla de ciruelo, en cuya espalda
un insecto ha tocado la piel y el pulso
pido libertad para el dolor del aire
que atrapa mi puerta y mi ventana.

VOLVERÉ A AMAR

Casi me atrevo
a tomar distancia
a bordo de mi propio equipaje.

Volveré a amar
con otra intensidad.

A estrenar el corazón
en otro ritmo, en otra
esfera de la vida.

Después del océano
que borra con sus olas
las huellas donde la ilusión
armó su vestidura y su jardín.

Lejos del tiempo contemplado.

En la recóndita posibilidad
de un trueno, en otro idioma,
en las perlas de lluvia
sobre prados y colinas
y vuelos y bandadas de hojas
que sueñan otro continente.

Vanidad

Me refiero
a la vanidad
capaz de pintar el brillo
en las nubes de una tarde.

Sencilla
como la historia
protegida en el escondite
sigiloso de un bolsillo.

A esa vanidad
capaz de ocultar el olvido
con tatuajes de albura.

A la vanidad
que impone su cordura al adiós

y lanza un suspiro a las altas montañas.

La pregunta

El interrogante
llega enmarcado
en un par de ganchos
encorvados y punzantes.

Detiene la respiración
en el momento
que contempla la respuesta.

Una puerta
una salida
la caída de Sol.
La pregunta
continúa su aleteo
en su viaje por la eternidad.

Ante ella
las palabras quedan
apenas enunciadas.

LIBERTAD

Cuando
la hoja culmina
su destino
atada al tallo

se lanza
a otra dimensión
de ópalos y de ocres.

Hábitat

*Cuando
se logra la pausa
empieza el descubrimiento.*

Hábitat

Origen de sabiduría
formas, gamas y matices.
Lo creado, lo visto
lo desconocido
en una convención de estrellas.

Ningún reproche.

Todo está ahí.

La quietud
la voluntad
la fortaleza.

Fuente inagotable
a donde se llega
por el camino del silencio.

Destierro

Un último parpadeo
graba en lo profundo
la tierra donde los pasos
alcanzan la perfección.

Cualquier día
una tarde, una mañana
a espaldas del sol
el volcán hecho fuego
irrumpe los contrastes de la vida.

Colina abajo
amigos y familia
llevan sobre su hombro
la ausencia de la casa.
Envuelto el equipaje
con el remolino de recuerdos
aferrado a la voz.

Abandonados a lo incierto
salimos por una ruta que no nos pertenece.

El temblor en los labios
y el palpitar de la tierra en la piel
levantan murallas de silencio
mientras la noche prematura
                        se precipita.

A LO ANCHO DE LA BAHÍA

Levanta el alba
sus tonos sobre la mar.

Transcurre el tiempo
sobre los barcos
y ellos retoman su figura.

Los pelícanos
ganan su primer desafío
a lo ancho de la bahía.

Las olas despiertan la arena
arrullan cangrejos
y conchas de nácar.

Con las olas
sobre los tobillos
una palanquera organiza
su cesta de frutas
mientras repasa los días
de un amor que partió con el mar.

DÍA SIN PAUSA

Por la casa de balcón
y pileta en el patio,
ciruelos y duraznos
anfitriones de abejas y canarios,
el aguijón del viento
entra arrebatando sillas y ventanas.

Desde el tejado
algunas palomas
parten muy de prisa.

Los tímidos niños
esconden su respiración
detrás del biombo de los juegos.

No logro impedir la caída
de las flores y los duraznos
ni puedo evitar la sangre
entre los tallos y las hojas caídas.

Es un día sin calma ni cosecha.
Es un día en que la casa ha perdido el sol.

Caminar

*Somos hilos.
Para tejer
ensayamos siglo y hora*

Por la ganancia del día

A ganar el día
se apresuran
las gentes, los objetos
las intenciones, los equilibrios.

Llega la música
y los invitados irrumpen
con disfraces de seda y luna.

Los malabaristas
y los construyentes de sílabas.

Entra la danza y su coreografía
la magia y sus protagonistas.

La belleza
la tortura, la apariencia
la claridad y el brillo.
Llegan los insectos
y los visionarios.

Los empleados
y los transeúntes del vacío.

El hambre, la incertidumbre
los pensamientos y el bullicio.

Todos.
Los de uniforme
y los ausentes de señales.

Torpes y ágiles
con la bandera a cuestas
nos jugamos cada día
por dos o tres monedas
por una sílaba
por un principio
por un verso

la vida en un hilo
en este paréntesis de eternidad.

EL REGRESO

He vuelto
a caminar la arena
de nuestro puerto.

Una carga de amuletos
reviste mi equipaje
de verdes y móviles épocas,
como aquellos árboles
que hablan y se tocan
desde el amanecer.

He vuelto a caminar el alba.
lo sucedido parece un eco en la playa
como ese trazo en el cielo
del crepúsculo anterior,
entre tonos rojos y el dorado

que solo el Caribe inventa
de tarde en tarde
de paso en paso
de canción en canción.

CAMINAR

Verbo y bandera
ambición
espacio y complemento.

Caminar
es emprender el placer de los placeres.

El contacto del aire con el suelo
tocar los árboles
respirar las pequeñas hojas
y contemplar las nubes
en su diseño del tiempo
del verano hasta el invierno.
Entrar en la fortaleza de la tierra
y la marea con su rumor nuevo.

Caminar es placer
de dioses y mortales.

TEMPESTAD

El tropel de vientos
en su afán por tocar los montes
se apresura por las cañadas
mientras las nubes barren
        las hojas del bosque.
Un cúmulo de sombras
        suelta su queja.

Tripulantes
de buques invisibles
sin rumbo y sin esperanza
lanzan sus gritos
a los bordes de la noche.

El huracán tiene prisa
y desde la cumbre
descuelga instantes de fuego.

Ejércitos de troncos y piedras
aceleran su paso hacia otra tierra.

El redoble de los tambores
entre las montañas dan pausa
a la respuesta del cielo.

Voces sin cuerpo
llegan a la puerta
y el alma del día
contempla la borrasca
que palpita ronca y oscura.

El viento
lleva en sus manos
la migración de angustia
por entre la fragancia
que acude desde
los huertos y los jardines.

El viento al fin
doma su desbocado potro.

La noche vibra
y me regala el trueno.

La tempestad
se vuelve ritmo y sonido
                          y pasa.

El tono verde

Con el brote de una planta
al despuntar la mañana
un mundo nuevo
emprende su camino.

Las voces verdes
comienzan su juego infantil.

Con el verde
llegan los paseos
a la montaña,
trepando árboles
inventando caminos,
picoteando alturas.

La prueba del grito
y la respuesta del eco.

El verde trae
los compañeros de curso
cuando las vocales
aún no hallaban su sitio
y en un mundo de papel
plantábamos la esperanza
      y el júbilo.

CASUALIDAD

Si las lluvias
se multiplican
habrá pronto nuevas frutas.

Unas cuantas plantas
ofrecerán sus flores.

Los jardines en las calles
cambiarán la semblanza y la estatura.

Llegará junio
con sus improvisaciones
y noticias desiguales.

Desde luego
—*amor*—
no hay distancia alguna
ni dialéctica precisa.
Las intenciones
tienen explicación armónica.

En el parque
la llovizna
concentra los pensamientos
bajo un paraguas.

Monserrate y Guadalupe
montañas
que dulcifican los siglos.

Todo es casual.

Por las calles pasan
bandadas de palomas
con el corazón desplazado.

Preguntas para el futuro

¿Habré dicho
algo con sustancia
o he repetido lo mismo
demasiadas veces?

Quédate un rato más
a esta hora se logra prolongar la vida.

Mira
el barrio ondulado de siglos
y plantas colgantes
por donde pasean
pájaros y empresas diminutas.

Te quiero
como quiero
la soledad de ventanas abiertas.
La dicha fugitiva
nos observa y se queda
con nosotros un rato más.
Mi memoria ilustra
los aleros del parque
donde solíamos encontrarnos
para hablar de música, amigos
y soltar algún verso al viento.

Se transfigura la ciudad
en este mediodía
recién acabado
recién resquebrajado.

PAUSA

*Retoco los arreboles
y despido al sol
a escondidas de la noche.*

Promesa inventada

Estuviste en esta tierra
cada vez que el poder
cambió de nombre.

Detrás de tu talismán
algo indescifrable llegaba
de mundos remotos.
Eras la perla irremplazable
en esa latencia de una hora
desmoronada en siglos.
La intensidad estaba en ti
sembrando el destino
en galaxias de turrón y chocolate.

¿Acaso
no eras tú el dueño
de las reflexiones absolutas?
¿No elegiste la cumbre
de las torres para contemplar tu casa?
¿Y las promesas que surgen
en el labio de los cero grados
o el preciso espacio donde habitan
las partículas fundamentales?

¿Eras lo más fuerte
o la burbuja de la lámpara de aceite
que no sabe de la espera o la llegada?

¿Es verdad lo que te digo
o es el pedestal de nieve
donde se desmorona el pensamiento?

Revisabas
las siete rutas del cielo
con tu cetro de mando.

–Promesa inventada–
–lo hermoso también se vuelve amargo–
–y lo sedoso una tarde es tosco–

Cuenta las hazañas
de quien hurgó la punta del caos
abre la cortina de la tarde
y trae aquella puesta de sol
que dejaste escondida
para el después, para el más tarde.

Desencadena la realidad
que no daña ojo por ojo
prudente por valiente.
Pero si tu voluntad
no ha de decirme nada
yo confieso mi regocijo preferido.

Pasar de largo
cuando la vanidad
afila su diente y su armadura.

Caminar sin horarios
llevar conmigo un amuleto escondido
y reír porque la vida es risa
cuando me apoyo en la tierra
y siento que gira y vibra.

Pausa

De tiempo en tiempo
recojo los nombres de los amigos
y la lista de sus indulgencias.

En este punto y hora
en que todo se reconcilia
se salva la distancia
entre uno y otro puerto.

En el ámbar
de la noche sobre el día
breves pinceles registran su huella.

El rastro del viento
conduce la memoria
por las praderas de las vivencias,
cuando hablábamos de todo y nada
el país y el mundo volvían al paraíso.
La risa, el brindis por una palabra
por un abrazo, por la despedida
inicio de otro encuentro.

Hubo
relámpagos verbales
estrellas fugaces
y silencios prolongados.

La noche oculta en su regazo
algunas circunstancias
otras se pierden en el mar de la memoria.

Pero continuamos
con el ojo en la cerradura
del tiempo y del sentir
por puertos y bosques
en el desafío de salvar
un espacio en el abismo.

Día del Sol

Tropieza la noche
con la sombra de su sombra.
Quedan perplejos los sueños en su inercia.

El alba
hace el guiño, insiste
se levanta con las flores.

Entre los matorrales
el retoño insinúa su gesto.
Con la brisa
el sonido despunta el día.

Más allá del tiempo
el alma de las cosas.

La dimensión vegetal
renueva sus misterios
en el corazón del bosque.

Se va la tarde
con sus pincelazos dorados.
Se va metiendo
y empiezan a juntarse
las siluetas de las montañas.

El Sol
ha cumplido otra vez
como lo hará
en los siglos venideros
en el espejo de las fuentes
cerca de los retoños y de las hojas caídas
al lado del que empieza y del que termina.
Entrega, vuelve a entregar la luz, la perfección
sin exigir, sin limitar, sin adjetivar nada.

Vuelta elemental

Se esconden los recuerdos
en el trajinar cotidiano.
Sin previo aviso
los recuerdos despuntan la mañana.

Regresan con el dorado – rubí
de las frutas y las flores,
con la flauta, el tiple y los tambores,
con el calor de un país del Sur.

Sinfonía del orbe

Los recuerdos
saltan con la canción de infancia
y el embrujo de una noche plateada.
Se siente en cada poro
la fortaleza de todos los verdes
en la escultura de las cumbres
y desciende inventando el camino de los valles.

Quizá mi espejo es
el gran río cuyo transcurso
aclara el contenido.

En las sombras de la noche
se gesta la silueta de la forma
que surge puntual con el primer rayo de luz.

Veré de nuevo
la cumbre de las montañas
sentiré el viento y su pausa
los rostros y los nombres
que me impulsan al comienzo
a las palabras, al ejercicio, a la verdad.

La cuarta hoja del trébol

Bogotá, D.C. 1997

*La poesía no nace del our life's vork,
de la normalidad de nuestras ocupaciones,
sino de los instantes en que alzamos
la cabeza y descubrimos
con estupor la vida.*

Cesare Pavese

PREFACIO

La distancia
que separa a los ilusos
del ser amado
es siempre transitable.

En cambio
hay un lugar

donde

los colores y los frutos son inútiles.

Es el extenso espacio
del inservible corazón restante.

Destello sonámbulo

*No soy
la montaña
que resiste
la tempestad.*

*Solo
la hoja que
sobrevive a la tormenta.*

LA ESPERA

Cuando
resbalan las notas
de un violín solitario
por la brisa de la espera
escapa
el sentido
al frutal del verano.

Cada quien
multiplica cifras al vacío.
manos, voces sin tiempo
empeñadas en esquivar la vida.

Entre tanto
aún sin reparos
una begonia edita
la púrpura corola

al borde de un antiguo aroma.

Corazón

En un átomo
cabe el Universo.

Todas sus fábulas y sonidos
habitaron mi corazón.

La piel de la hierba
dorada por el sol
abriendo límites
hasta llegar
a los recodos del mar.

Cada causa perdida
estuvo en mi corazón
y toda crepitación
de las batallas
en el rincón de mi costado.

Solo el amor
era la estrella perdida.

Hasta que apareciste
a invadir los espacios.

La noche se pobló de luz
y surgió el sueño
de los dioses estivales.

La Tierra
para nuestros ojos
fue esfera pequeña.

Cada dificultad descendió al vacío.

Aún así
todo se pierde.
Las horas amadas
la cumbre de los sueños.

Donde separamos la libertad
el día copiaba nuestro brillo.

En su envés nació el abismo
y la luz de la estrella
en el norte fue al olvido.

La estrella contempla

El aire salobre se interna
por el alma de la noche.

Desde lejos la estrella
contempla los valles.

En el silencio de la madrugada
lee historias peregrinas
tejidas entre pliegues
de la cordillera
que avanza por
el alma de la Tierra.

Virtudes, batallas y dolor
ascienden el arrullo de los árboles.

La selva agiganta su saber
y un rostro de flautas
lleva su frente hacia la cima.

El asombro
sube a la estrella
en el principio del día.

MIRADA SUSPENDIDA

El granizo cubre
los patios y las avenidas,
domina el atardecer.

Desde la ventana
que da al jardín
se ve el recuerdo resbalar
el cuerpo de los tallos.

La figuración
y la objetividad se cruzan
en el punto donde no hay
alto ni bajo
ni pequeño ni gigante.

La vida en una mirada suspendida.

¿Qué ha quedado del amor?

Una emoción ahogada
en la cima de la noche.

Destello sonámbulo

Salta
mi corazón
antes de la madrugada.

Afuera
sueñan las ramas
su futuro follaje
mientras las estrellas
registran destellos sonámbulos.

Mi corazón
presiente su regreso.

En la habitación
hay alas de fiesta.

Corazón
que saltas
con la agilidad
de los viajeros

en los bosques nocturnos
buscando el calor de su vino

¿Habrás inventado
esta forma de amor?

¿Lo habrán registrado
tus noches sonámbulas?

No alces la voz.

Tal vez volverás
a equivocarte

a mentir de nuevo.

EVOCACIÓN

Voy a recordarte
sin falta y sin motivo.

Al construir historias
con la imagen de las cosas.
Bajo el sol
que revienta el pavimento.

En las sombras
que protege
el alero del parque

cuando confío mis pensamientos
a las nervaduras de las pequeñas hojas.

Voy a recordarte
al descifrar los pasos
en el telón del fondo
cuando los fantasmas
arrebataban mi alma.

Voy a recordarte
en la luz de la mañana
que asciende sobre el espejo.

Esta vez huiré de tu voz
aunque tus ojos
leviten persistentes.

Contra mi voluntad
y sin motivo
voy a recordarte
hasta el doble
de lo absurdo.

Poema número 18

Fue
vestirse
de tardes desteñidas

hasta palpar
la profundidad de la noche.

Fue
la caricia equivocada
sobre la piel verdadera.

La palabra escondida
en la levedad de la mentira.

Un robo a la confidencia
y a la sensibilidad.

Acceder a la ceremonia de la rutina
aguardando un dios despistado
que pasa de largo.

Perdí el norte.

Repetí
un millón trescientas
ochenta y seis mil veces
los pasos hacia
la existencia imprecisa.

Llegué
al precipicio
hundí las manos y los pies
astillé el corazón de los amigos.

Ignoré la sonrisa
de los rostros amados.

Roca ígnea
rayo y tormenta
odio y furia.

Eso fui.

No escuché del viento
sus mejores parajes.

Fallé.

Hice trampa.

Jugué a la muerte
en todas sus facetas.

Desafié a cada demonio
que tenía su piel dormida
en mi memoria.

No me arrepiento.

Amor a la 2010

Entre
nuestra proximidad
hay un insomnio
que transita el trópico.

Mutación

*Los amantes
vigilan
la verdad dormida.*

CUESTIÓN DE AMOR

¿Quién dijo
que el amor ha de ser sincero?

El amor importa
por la envoltura
que lleva consigo.

Por eso
acumulas riqueza
y perfeccionas la voz.

¿El amor puro a quién le importa?
Aprendiste
que la ternura, el afecto
la pasión, los detalles
se envuelven en papel
de cierto tono y brillo
que llena de colores una fiesta
y casi borra el vacío de una ausencia.

Incluso aprendiste
a borrar el dolor
si está sellado con un gran broche
que oculta las cavernas oscuras
que a veces somos sin las cosas externas.

Hay ingenuos
que aún
dan su voluntad al amor.

Llenan sus valijas
de virtudes y generosidades.

Son aquellos que caen
bajo la sustracción de quien
todo lo recibe y lo destruye.

El segundo desfila
lentamente por la vida
con su bilis de homicidio.

El primero es obstinado.
Su terquedad levanta
monumentos a la fortaleza
y desafía la verdad
por sus verdades.

El amor va y viene
de alegría a dolor
de júbilo a interrogante.

¿De qué lado del juego
portas la raqueta?

TRES VECES AMOR

Me acuerdo de las cosas
que faltaban a nuestras manos.

Como nosotros eran los días.

El instante
en que se detiene la voz
y la mirada obstinada sube.

No me acuerdo
de flores conocidas
ni fechas memorables.

Solo pequeños utensilios
que repaso mal
de tarde en tarde.

Quizá es mejor
no pronunciar la despedida.

Quizá es mejor
no saltar al después.

Quisiera regresar
y confundirme en ti
porque te amada
–*digo*– te amo.
Acuérdate de mí
de nueve y treinta
en adelante.

Poema número 28

Su vida se fue
en aquellos renglones
de historias y los silencios
que empujaban sus ojos
a los grumos de la tarde.

La libélula azul
había inventado
toda mutación.

Los vuelos
esparcieron el viento
la cordillera engendró los ríos
y los sonidos abrieron el alba.

Quizá
él tenga el lenguaje
de Orión o el de Júpiter
ilegible a las brisas de mayo.

Detrás de la bruma
un astro recordará
una luz perdida.

Desencuentro

Un sabor agrio tiene el afecto
Si al encuentro se le antepone
precipitud y tentación.

Hay encuentros de alegría.

El fuego y el deseo
conjugan su espirar de altura.

Pero hay encuentros
donde la emoción tropieza
y se pierde a ciegas.

Es cuando nacen las heridas.

El tacto se vuelve
leve, triste y frío.

Al culminar la tarde
la arena queda sola
interminable
frente al mar sordo.

Mutación

Con mi desvarío
me confundo
en el rubor de la tarde.

Pasa mi espíritu de garza
aleteando sus virtudes
ante tus ojos inmóviles
de sal y arena.

Vuela mi alma
otra palmera
y llega al rompeolas
entre los aposentos
de las rocas
donde el aire repasa
el propósito
de los antiguos maderos.

Cuando los muertos
queden bajo tierra
saldrán a flote los sueños
en el sonido de las olas.

La leyenda humana
se abrirá paso
entre el camino
de los saltamontes.

La eternidad en pleno volverá.

Desde la otra orilla
verás mi corazón
en el titilar de una estrella.

AIRE DETENIDO

Del rubor y la virtud
había quedado
el eslabón que va creciendo
como nube lenta
hasta volverse muro
apenas audible.

Fue el amor por el amor
salto de júbilo
en la pendiente.

Intento del rescate
la vida en la faz
de un segundo
punto en el camino
y un respiro
en el aire detenido.

Viento tropical

*La niebla
en la madrugada
envuelve la confusión humana.*

La cuarta hoja del trébol

A la muerte le falta
el agua que en el prado
descubre las líneas del alba.

La cuarta hoja del trébol.

Deberíamos ir a la muerte
como se llega al beso del primer amor.

Deberíamos ir
con los pies descalzos
y un traje de playa.

A la muerte
le falta el aire de Amazonas
dos sílabas en Quechua

un Dios Azteca

Una virtud Caribe
y el corazón
repleto de excepción.
A cambio
nuestras familias
tropiezan precipicios
calles ambiguas
ciudades absurdas.

Amigos
deberíamos
ir a la muerte
como una mañana de domingo

descalzos a la playa.

VIENTO TROPICAL

Miremos como testigo
al cielo subjetivo

—Viento tropical—

Déjanos
la hora
una tan solo.

La hora de la verdad
y las figuras
ofrecerán su nitidez
sin lugar a dudas.

Viento tropical
como la llama de las velas
te vas de un lado
a otro sin motivo.
Y ni siquiera
nos dejas el vacío
apenas la aspereza de la angustia.
Luego
de tantos días
acostumbrados a los sobresaltos
los acontecimientos y la vida
parecen siluetas del mismo molde.

Y tú
Viento
quizá tú

la única esencia
que nos palpa

te llevas nuestra identidad.

Viento
firme horizontal
borras el día y la fecha.

En el silbido
te devoras la memoria
de un país de grillos somnolientos.

ÁNGEL DE ESTACIÓN

A Belkis Acevedo
In memorian

La lluvia entera ha vuelto
y el mundo centímetro a centímetro
trepa el grabado de la muerte.

La joven que buscaba
el principio del sentido
entre el forro de los libros
y elevaba cometas
por el límite de la mañana
se fue tras la alegría
de una ciudad obstinada.

Llevaba sus escasos veinte años
en el bolsillo junto a sus monedas
y un montón de cifras elevadas
a una potencia de esperanza.

Belkis era su nombre
y su apellido provoca
temblor en mi estatura.

Sin saberlo
cruzó la calle
de vientos infernales.

La muerte acechaba
en la curva del parque.

Ella
sin otro equipaje
que el de su juventud
alcanzó la trampa
del arma equivocada.

Aún así

Muerte
no cuentes
ni con ella
ni conmigo.

En mi pecho signo a signo
se reajusta el corazón.

La ciudad a ciegas

Hace algún tiempo
lejos de la casa
en este cuarto de mi soledad
y la callada luz
que se levanta de un libro

Siento la obstinada inquietud
de la ciudad a ciegas.

Cada crimen recién inventado
reptándose, consolidándose retorna
y el silencio no alcanza el reposo.

La horas
paso a paso
agotan la noche.

La mañana abre los ojos
a esa realidad de olor añejo.

Solo por los campos
viaja el sueño del viento
que llega hasta la otra orilla
donde el colibrí delira
en los naranjales y las begonias.

Y vuelve la sombra
y el tiempo a revestir la casa.

La casa de mi habitación sin reposo.

Quizá de nuevo tenga
la luz fluyendo
desde el corazón de un libro.

INICIO DE LA BÚSQUEDA

Transformarse
en ese Yo gigante
que llevamos dentro.

Presentar al mundo
el mantel de búsqueda.

¿Cuántas y cuáles cosas
habremos enunciado
para dar vuelo a la creación?

¿Qué es el pasado?

Un río
donde podemos descubrir
aún lo insospechado.

El hallazgo
de eso que buscamos
es tan individual
como nuestros pueblos
nuestras casas.

Toda evolución y altura
ha de ser siempre individual.

Cada rama
en el árbol
asume su expresión
a su estatura laboriosa.

Quizá la ilusión
de ser adulto
se quedó dentro.

Por eso

tenemos el privilegio
de la búsqueda

en un instante – eternidad.

El pensamiento

El trasfondo
del día
protege el silencio
donde mora
el pensamiento
como la gran fuente
que todo lo invade
y lo ilumina.

La mayor soledad
es pequeña
ante este mar
de enigmas y de sedas.

Registro funerario

Con llantos
ningún muerto perdona
y con toda su palidez
ningún muerto ha sido perdonado.

La muerte

deja la casa
y sus manteles
a mitad de hacer
y el afecto en esa
mirada sin palabras.

Nada peor
a los registros funerarios
donde se leen firmas puntuales

a la hora en que sólo hay olvido.

Territorios vividos

Sobre el brillo
del día
el alma aletea su primavera.

Renaciente

Toda evolución
ha de ser iluminada
por un fin determinado.

Para conocer
es preciso construir.

El arte de la realidad
es el arte de lo posible.

Entre líneas y líneas
se gestan las horas.

Es tan vital el antes
como el después.

Mientras un día logra
su máxima dimensión

La historia humana
es apenas una huella.

TERRITORIOS VIVIDOS

Yo
escribo a esos parajes
donde juega la lluvia
en la madrugada.

Allí donde los caminos
entrelazan el aire.

Escribo
a las formas
que perfecciona
la luna plateada.

A los labios
que portan una sonrisa.

Al dolor y la alegría
en la prolongación del abrazo.

Voy en los hilos del agua
que entregan su canto
al corazón del mar.

Ganancia del oficio

A veces
es solo buscar
la piel del monosílabo.

En cambio
hay horas
de hombros desiguales
que resbalan aún
por lomos milenarios
que contemplan la página blanca
en la penumbra de la Tierra.

Escondite perfecto
entre los árboles
que protegen sonidos antiguos.

Hojas
verde – naranja
manto de los bosques.

La sombra
esta noche
huirá del lápiz.

Hacia la noche

Oímos ayer tarde
tarde hacia la noche.

Salvábamos
los pies de las charcas
de una lluvia aún sin terminar.

Apareció muerta
en un rincón de la calle.

–Oíamos–
como se escucha
el viento
en las calles bogotanas
en ese laberinto
dudando por alcanzar altura.

Los días copian
la silueta inútil de la tarde
en un invierno de trópico.

Acostumbrado
el corazón al sobresalto
parece una réplica del miedo.

Se fue un día.
un día que sólo tuvo principio
hace más de un año.

Cada amigo
tiene una historia inconclusa
bajo este cielo revuelto de objetivos.

Todavía en la funeraria
dos hermanos examinan
y comparan las manos
de un sueño que no
terminó la primera edad.

La incertidumbre
invade las manos y los rostros.

Abandono

El chispazo
que abre en astillas la noche
no es el anuncio del trueno
ni el festejo de la lluvia.

Es la cima
de la montaña
donde abandonaste
mi espíritu a la deriva.

Marzo 1:30 a.m.

Algo trastorna mi insomnio.

Oigo un aletear quejumbroso
entre el muro de papeles.

Algo se interna
por la cosecha de vigilia.

Es apenas marzo
en su antesala
de mariposas vagabundas.

El sol de media noche
ha llegado a mi costado.

Nostalgia de infancia

Esta es la casa
donde los árboles
arrullan sin cesar
algo aprendido
y las aves sacuden
la ausencia en las ramas.

Yo
llego tarde

con la mirada
sobre otras huellas.

Soy el fantasma
de la nueva atmósfera.

En esta pausa
del día hay vacío.

Duele el destierro del amor.

La quebrada
aún carga el recuerdo
de diez sándalos
que hurtaron las alas a Ícaro.

Todo se fue
pero tuvo un principio.

Una mujer enamorada de la luna
dueña de guirnaldas y de luz.

Ella coloreaba los días
no conoció derrota
y al aire fatigado
de daba múltiplos de amor.

Tengo el dolor de una ausencia
y una lucha por el revés
del tiempo amaneciendo la vida.

El camino del destino

El destino
es la fecunda idea del mito.

Aquella latencia
que aún no ha ocurrido.

La emoción que liberan
los sueños antiguos.

Es la existencia entera
en dimensión de libertad.

Cuando el sentido humano
sigue blandamente su destino
por los escalones de forma natural

la vida
asombra lo inagotable.

El deseo

El deseo
cabalga las montañas
los espejos del río
los prados, las colinas

y se prolonga
hasta la puesta del sol.

Yo quedo
con la oscuridad
y el deseo en vigilia
para que lo soporte sola.

Cada raíz de la selva ecuatorial
agita su búsqueda en mi cuerpo.

Los frutos agigantan
su virtud en mi respiración
y las hojas nerviosas
casi dejan la piel al descubierto.

El deseo
me consume.

Sobrevive a los cantos
a las preocupaciones.

No debería decirlo
pero mi piel puede convertirse
en una ola del gran Caribe

y sin embargo
el deseo no morirá ahogado.

Mientras haya inquietud

vivirá, florecerá.

Como regresa el sol
después de la tormenta
y el viento transporta
el espíritu del polen.

Aunque llegue el invierno
el deseo caminará
mi corazón descalzo.

El vocablo

Me fui
pero dejé la memoria
allí donde los brazos
cobijan la ilusión.

Ahora
la pausa
junto a luz solar.

Hay quienes sacuden
su algarabía entre las olas
y los días sucumben sobre la playa.

La madurez comienza
cuando se engendra una palabra.

Se verán
labios parlotear

por todas partes
fragmentos de conversación
en desfile al olvido
sin que afecte el huerto apartado
que nutre y cultiva el vocablo.

Se verá
el tiempo diurno ausente del viento
la gentileza bordear la silueta de las horas
la piel caminará de nuevo la arena.

Pero el alma

–Ella–

está ausente del mundo
con una inquietud nutriéndose
muy dentro.

CERCA DE LA TARDE

*Toda culminación
es incierta
desde un principio.*

Cerca de la tarde

Tú eras
la transparencia
sobre la arena blanca.

Los hilos de luz
tejían cada principio
desde el asombro de tus ojos.

Yo
había encontrado el refugio
donde cabe la fulguración
de los sonidos del mar.

Mira mis ojos
y dime ¿Dónde fue la luz?
¿Dónde se esconden las alas
que desafiaron toda altura?

Ni tu ni yo
ni el fuego
asoma a los vitrales.

INSISTENCIA

Hay un hilo de plata
en el día inquieto.

Si sus ojos alcanzan
la ventana del encuentro

La tarde será la mesa
que trae
la noche repleta de emoción

SI SE NIEGA LO POSIBLE

Si esta noche regresara
tendrían sentido
tus palabras y mis ojos.

Volvería el mundo
a tejerse
en su principio.

El aire estremecido
cuidaría las frágiles
plumas de sus vuelos.

Buscaríamos la dicha
que abandonamos
por estar de prisa.

Si esta noche regresara

podríamos
penetrar el horizonte
que se dibuja
en el corazón de una espiga.

Así de pronto

Amor mío
quiero un día
para nuestras manos
sobre la multiplicación
de las hojas.

Veamos
¿habremos perdido
horas, minutos
de nuestra escasa vida?

¿Nuestro corazón
soportará más heridas?

La intención no es lo que vale
Amor mío.

La distancia
puede anularse
con una ecuación sincera.

La distancia es hoy
el puente del encuentro.

POEMA SIN PROPÓSITO

¿Sabes?

Ha avanzado mucho
la luz de la vida

Desde los días juguetones
en que agotábamos la risa.

Quédate hoy
cerca de los ojos y la piel.

Nada
no es mejor que un rato.

Unamos la mirada y las manos
junto a las primeras tardes.

Quédate
hoy conmigo.

Convierte la fantasía
en realidad realizable

Y quédate.

Las estrellas
como nuestros pasos
harán guiños al futuro.

MIRADAS DE TIEMPO

El tiempo despierta.

El tacto y el oído
vuelven a conjugarse.

Es posible entonces
escuchar sonidos del campo
el agua dulce y su matiz.

Es el tiempo de los vuelos
del río murmurante

y de la soledad.

Sinfonía del orbe

Cerca de ese tiempo
hay otro el breve
el que no comprende
el corazón poblado de emoción.

Ese tiempo es el dichoso
el que habitó las frases de alegría

contó estrellas
y elevó cometas en la playa.

Observa hoy
ese otro tiempo
el que no es tuyo.
Que ancla las ilusiones en otra orilla
y eleva su emoción por la cordillera.

¿De qué lado del tiempo
tienes la mirada?

Contemplación

1.

Un lucero inaugura
el alba con pincel de viento.

La lluvia descansa su equipaje
sobre la piel de los bosques.

El agua a cuentagotas
resbala cada tallo
en busca de su nacimiento.

Se siente el palpitar
de una emoción antigua
en el corazón del monte.

Salta una ráfaga en la pendiente
 y los timbales nacidos del trueno
apresuran el asombro de las nubes.

2.

La lluvia
abona por igual
el surco y los naranjos
la mente y el fusil
el encuentro y la despedida.

La lluvia lava
estatuas que mantienen
por siglos júbilos inertes.

Con manos de cristal
el agua acaricia
el prado y el recuerdo.

La noche se apaga.

Entre tanto
el corazón construye
balcones de begonias
y enciende lámparas del alba.

Carta para Nora Böring

Y OTROS POEMAS

Bogotá, D.C., 1993

*Sólo perduran en el tiempo
las cosas
que no fueron del tiempo.*
J.L. Borges

Carta para Nora Böring

I

Pequeña libélula de once alas
¿Quieres levantar el vuelo
y alcanzar el trópico?

Puedo enseñarte dos mares
los caminos quebrados de su historia

la sombra y el olor de una magia
que cada día va cambiando de tonalidad.

Allá
en el calor de tu hogar
te enseñé a amar
una patria de café
naranjos, cumbias y guabinas.

La alegría de la danza
de los pueblos

El afecto que se multiplica
en cada rostro.

II

Tú eres disciplina
lo exacto
la medida

yo el sueño del mar
en el corazón del aire
donde vuela el cóndor.

Tú el conocimiento
la proyección de cada paso.

Yo la invención de los gorriones
el júbilo de crear miel
añadiendo puntos al vivir.

Tú eres Alemania
patria de ciencia
técnica y progreso.

Yo
colombiana
de nacimiento y emoción
soy todas las estaciones
en una sola tarde.

Las notas musicales
en la cumbre de los Andes.

Recorrido y cauce
del Magdalena

Producción armoniosa de la selva
corazón abierto de Amazonas y Caribe

Soy el principio
de la evolución de Darwin.

Sinfonía del orbe

III

Este pedazo de tierra
sobre el que levanto
mis preguntas.
Al que te invite brindado
por el futuro
por la vida.

Aquí
donde construí
un castillo de papel y arena.

Esta Colombia que amo
se está debatiendo
entre las heridas y las sombras.

IV

Nora
no voy a lamentarme

No sé cuándo nació
la polilla de la muerte
que se expande por los rincones
sin encontrar el límite.

¿Sabes?

Por los campos
viaja la guerra
en carruaje
de distintas épocas.

Hay hambre y hay sed.

Pausadamente
el grito de la palabra
se queda sin garganta.

Por las avenidas de las ciudades
deambula el miedo
entre las sombras y los trajes.

Nadie adivina
la furia de un fusil
en cada esquina.

Delante de mí
se desmoronan
los sueños de Bolívar.

V

Nora
cuando tomes este sobre
no corras sobre tus patines
a buscar a tus amigas de juego

Ni quieras enseñarles
otra alegría en este idioma.

Sobre el margen de tu jardín
acércate a mí y lee con cuidado.

También el misterio
de tu corta edad es sabio.

Escucha bien
—esto pasa—
el presente
es el vértice del pasado.

No quiero el exilio.

Escalaré el tiempo
por entre las grietas
para encontrar la ruta.

VI

En Colombia
Nora
hay sombra.

Pero existen
hombres y mujeres
que como tú
luchan en forma plural
contra la muerte.

Pequeña
libélula de once alas.

Mi país
es una maraña incierta
pero tengo fortaleza y manos.

Si tu vuelo
no le tiene miedo
al miedo

hoy mismo
te espero en mi patria.

Ronda de los sonidos

Simbiosis por la vida

Surgí del tiempo
convencional y sin memoria.

Soy la simbiosis
de la lucha y la ternura.

Soy la paz y soy la guerra
el conflicto
y el equilibrio de las cosas.

Estoy en centro de la oscuridad
y renazco en la intensidad de la alborada.

Voy por los vientos
los abismos
las cordilleras
y los mares.

Soy el alma libre
del encarcelado
y la mano del juez
en la sentencia.
A hurtadillas
por los nervios de la ciudad
soy el asfalto
que espía los secretos
la carrera de los autos
y la ilusión de los viajeros.

Soy la fuerza
centrípeta del universo.
Robo la luz a las estrellas

Sinfonía del orbe

y la almaceno
en la línea de la búsqueda.

La ansiedad de agosto
transportando cometas-mariposas.

Soy la inquietud
en todos los matices.

La verdad que habita
en las conciencias.

Mantengo altiva la voz
cuando los labios retuercen las palabras.

Soy el todo y la nada.
La evolución y la catástrofe.

El corazón de los invertebrados
el sueño de los vegetales
fuego y agua en elíptica danza
la calma y la ira de los amantes.

Soy la herida
la muerte
y el dolor
de quien las causa.

No tengo dios ni poderío.

Soy la libertad
que enciende

el fuego de la vida.

Ronda de los sonidos

I

El pentagrama del Sol
inició el coro de haces lumínicos
y las leyes de Kepler
aún niñas sin nombre
cantaron el deliro de los astros.

Rondas de estrellas
celebran el sueño del Sol.

Los sonidos llegaron
y tomaron vino
en la fiesta del amor.

Nacieron las palabras
se multiplicaron
se esparcieron por el vacío
y los abismos
y los recodos
y cantaron una canción
al oído del firmamento
y toda la atmósfera quedó impregnada.

II
Los amantes miran
la nube más blanca.

Allí decoran su castillo
de allí toman frutas frescas
para alimentar su invierno.

Los amantes guardan
en su cofre preferido
el timbre exacto de los sonidos.

III

En octubre
-el huracán de octubre-
persigue las nubes
y ellas corren desenfrenadas
de un brazo a otro de la atmósfera.

Estropean el vestido de árboles
y su canto se confunde en ruido.

Las palabras
se atropellan unas a otras
rompen puertas y ventanas
se precipitan
y llegan a un lugar desconocido.

Aún con el dolor
del atropello que las empujó
las palabras desconcertadas
abren los ojos.

Es cuando descubro
deslealtad y olvido.

Domadora de significados

A Beatriz Giraldo Herreño

Levantó los años
con la evolución de la risa
y el arco iris de las flores.

Envolvió en sus hombros
la sabiduría del silencio
y en sus oídos construyó
un puerto de esperanza.

Por la ruta de sus pasos
una hilera de chiquillos
acróbatas del ingenio
desfila para escalar
la posibilidad del día.

Betty es así.

Escucha los instantes
y cambia el dolor
por savia nueva.

Alma gemela de la luz
a veces niña
otras maestra juguetona
de gigantes diminutos,
bondad y alegría
mezcla de fortaleza
y debilidad en equilibrio.

Sinfonía del orbe

Siempre
son su cesto de frutas
una palabra suave
la solidaridad
y el mar en sus ojos.

Betty
denominación
de amigos
caminantes-fugitivos
de tarde en tarde
nada encuentra
al regresar a casa.

Puertas y libertad
se juntan
en un silencio
agridulce que
invade sus mejillas
-¿Ingratitud?
¿Olvido?-

La fuente
de sus ojos
agota su caudal
y un hilo ámbar
enreda sus cabellos.

A Betty,
a ella,
todos vuelven
con esquirlas
en el alma.

¿Alguien
ha buscado
en su corazón preguntas?

AIRE A TRES ESPACIOS

I

Hay un verso que deambula
la fantasía que me habita.

Caprichoso
sale
dibuja la calle
con su claridad,
hace piruetas en los parques
y con el silbido del viento
regresa
a los poros de mi forma.

II

A veces me espera
con la jarra de vino.

Pulsa interrogantes
en mis hombros.

Yo río torpe
pronuncio sílabas desorbitadas
y callo cuando él me mira.

Por su epidermis
pasan edades de papel.

III

El verso hace la pausa
toma agua
en el lago de los principios
renueva el ejercicio
y con firmeza enseña
el corazón de la tierra.

Sólo él
puede avanzar
por mis sentidos
apoderarse del sueño
y la vigilia.

Es alegre
y tiene en los ojos
el secreto
de una generación
de estrellas.

IV

El verso
en ocasiones

regresa de sus viajes solitarios
con el cuerpo golpeado
y un morral de signos.

Llega a mis manos
al calor de mis manos
y abrazados en amor vagabundo
emprendemos el vuelo migratorio.

INTUICIÓN VEGETAL

Al despedirse el día
los vegetales
dejan escapar su aroma
por entre vidrios
y barreras de cemento.

Tercos los aromas
en la altura de la noche
multiplican su aventura.

En cada momento
los vegetales
brindan su intuición,
claridad que despeja
los límites del viento.

Sin embargo
el aire devuelve

el sonido de un incendio
que envuelve
el último grito de un corazón mutante.

SONIDOS MIGRATORIOS

Ángeles
de vuelo migratorio.
Ángeles
que brindan el corazón
anunciando
la mutación de la vida.

Chorros de luz
roja, azul, naranja
nieve y fuego.

Todo lo invaden
de movimientos impalpables.

Ellos son
-si permitimos-
danza y luz
para la próxima
página del mundo.

Sobre el mar

I

Llevé mi espíritu
a la orilla del mar.

Entre las conchas y la arena
dibujé un día tórrido
de huéspedes ancestrales.

Tomé las olas y el sol
para mi frente.

Estrené la voz
con el canto de las olas
que se confundían en mi cuerpo.

Mi rostro tomó
la brisa por contagio.

II
¿Qué se hizo mi espíritu?
lo he buscado
en los castillos de la playa

en el balde y la pala del niño
que reúne el mar en sus ojos.

Entre los pescadores
de la mañana y de la tarde.

Detuve el barco
y revisé palmo a palmo
las ilusiones de los viajeros.

¿Qué se hizo mi espíritu
que no canta hoy conmigo?

Lo vi
al final de la tarde

en el horizonte
sobre el mar

queriendo detener el sol
que se perdía entre las aguas.

Adiós en la bahía

A Néstor Duque
y su playa de pinceles sensitivos.

Murallas
de historia y de reliquia
¿Quién vendrá mañana
a contemplarlas?

Todos, excepto
el duende de sal y arena.

El que invento el escudo
de una Patria sin fronteras
y colmó su pecho
de corales festivos
una mañana
de flautas inquietas.

Adiós en la bahía.

Un lienzo entretejido
de alegrías y nostalgias
templa sus flecos
queriendo detener
el reloj
que impone la distancia.

Adiós.
El barco parte
a comprobar
la redondez de la Tierra.

Atrás queda
la playa de todos los castillos
la que embrujó las pisadas
y hoy inaugura
la ausencia del bullicio.

Los días pálidos
leves desfilarán
y por fin septiembre
volverá a cantar.

El mago
que conjuga
las abreviaturas
y los signos
llegará con sus jarras
de luz y trementina.

Descubriré
en sus ojos
el faro de los acantilados
y el horizonte
estará a salvo
de las verdades lógicas.

Reflexiones para iniciar la tarde

¿Quiénes somos?
¿Qué nombres
faltan en las bibliotecas?

¿Qué poemas
deberíamos conjugar
en esta hora insustancial?

El afecto
y el amor
van pegados
a un nombre y apellido.

Morir
en cambio
está al alcance
de todas las categorías.

Es inútil arrepentirnos.

¿Acaso
los difuntos
han perdonado
nuestro silencio
ante su muerte?

Si tuviéramos carácter
sentiríamos vergüenza
del freno en nuestro pulso.

LÍMITES FRAGMENTADOS

Soy conciencia
de tierra y aire
silueta de los fantasmas
parpadeo de las hojas
y espíritu del viento.

Estoy
en el tropezón del inquieto

en el sueño del artista
en los signos matemáticos
y en lo exacto de la ciencia.

Sombra, fango
y como aguijón
cambio el sentido
del girasol en una selva.

Sangre en batallas
arma de silencio
y miedo de ciudades.

Fuego en almas desesperadas
y corazón de los juguetes.

Mar embravecido
colmillo de león
y brazo de inconformes.

Vivo en un cuarto
ausente de menciones.

Silenciosa
mil veces juzgada

Con un diamante
por esculpir
en el bolsillo.

El silencio obligado al miedo

Del peso
de mi cuerpo estoy cansada.

Se han recostado en mi pecho
tantos instrumentos juntos.

El desbocado asno de la muerte
equivocando puertas, rostros, nombres.

La sed del que trabaja
entre la desesperanza
del silencio obligado al miedo.

Todo se agrupa
en mi aliento y mi costado.

Un niño
duerme sobre mí
el hambre del día
y el frío de la noche.

Mi cuerpo
tiene moretones
de todas las guerras
y mi corazón el llanto
por los que se fueron
sin terminar su lumbre transitoria.

Mi garganta
tiene sed de hablar

y de nombrar
a quienes son
pretérito, futuro y certeza.

Mi sombra es pequeña
pero no puedo ocultarla.

Mientras cierro los puños
y los llevo con fuerza al corazón
las botas van dejando
una huella sobre mis pasos.

El dolor de mi costado
tiene extensión
de mal presagio.

DESERCIÓN

Arranquemos
la voluntad a la disciplina.
lancemos cuesta abajo
la curvas que edificaron el tiempo.

Tomemos el pulso a la neblina
y llevemos la fantasía
a una estación desconocida.

Defendamos la luz
la propia luz

la libertad que aflora al rostro
y el signo vital de la aventura.

Intentemos
el salto récord del acróbata
y descubramos
la misma piel en otra niebla.

Diseñemos otra vez
la ruta del aprendizaje.

Separemos
las mitades del alma.

Una quedará
en la vejez de la sombra
la otra empezará a gatear
a ensayar sus lámparas
en la espiral
del nuevo laberinto.

ÚLTIMA FRASE PARA UN HERMANO

*Al poeta Julio Daniel Chaparro
y a todos los caídos en busca de la verdad.*

Tú moldeaste
una escultura de sílabas grandes.

Era tu preocupación
cada mañana.

Hubieras pensado
en la confusión de los tuyos
sin duda
habrías tomado otra ruta
una hora antes.
Habrías logrado
dos miradas, una palabra
dos reflexiones después.

Pero
aún llueve,
llueve sin fondo
en el día sin alma.

El huracán desocupa
la alcancía del cielo
sobre los techos
de un pueblo urdido de fango.

-Hermano-

se rompen
los hilos conductores
de la verdad en los sentidos.

La noche
es una trampa
por sí sola.

No callaste
y tampoco cediste
el lugar a los difuntos.

Los senderos
tienen demasiados
puntos ambiguos
para la honestidad

Tú lo sabes.

Espejismo diario

Viaje cotidiano

Salgo a marcar
el tiempo del oficio
entre el afán que dibuja
estaciones en los rostros.

Por los andenes
y venas de la ciudad
dejo secretos
entre otros anónimos.

Al cruzar la puerta
de la jornada
con la mente y el corazón
alimento el ejercicio.

A la hora
de los ojos
de neón y de mercurio

Regreso.

Entre el asfalto y el frío
el temor y la fatiga
entro en mi cuarto
y me reconcilio
otra vez
con la soledad.

Espejismo diario

Levanta el día
su imponente cara de trópico.

Atrás queda la sombra introvertida.

Los rostros maquillan
diversos vapores
en el envés de la conciencia.

Al encender
el tiempo cotidiano

Cada quien borda un espejismo

Dónde
jugar a la verdad o a la mentira.

Decisión

Ven depresión
estoy lista
viajaré contigo.

Sobre mis hombros
hunde tus raíces
posee mi corazón

de antiguas alegrías
destroza los frutos
de los mejores sueños.

Ven
y al final de batalla

te quedarás en el abismo
cuando el alba lenta
lentamente suba
por la esencia
de mis manos.

MUERTE CIRCULAR

Los últimos segundos
tejen la culminación del día.

Repaso las horas
de alba
sol
penumbra.

Mi aliento busca
el apoyo para la inquietud
y un profundo vacío
llega al corazón.

¿Acaso
dejé olvidada la mañana
en una trivial conversación?

Sinfonía del orbe

¿Ignoré el sol
que me revela
la imagen de las cosas?

¿Violé el aroma vegetal
y gané sin pasos el asfalto?

¿Miré vitrinas
y perdí los ojos en la nada?

Derrotadas las horas
fluyen de ni respiración horizontal.

Dentro de mí
se ahogan las palabras.

He perdido
la vida de un día.

CELADOR DE MI BARRIO

Al celador de mi barrio
siempre lo distingo
por su fortaleza de fusil.

Entre la noche y el frío
él se funde entre
los árboles y los jardines.

Al celador de mi barrio
también le asombra
el gemir de las hojas
y el aire de un grito
estremece su alma.

A su cansancio
agrego mi puerta, mi ventana.

El celador de mi barrio
borra el temor.

¿Cuándo recobrará
el tiempo que entrega
        a la tranquilidad de mi jornada?

Pausa en la noche

De los prados vecinos
guardo
el momento perfecto
cuando el amor
se lanza a la aventura
y llena de flores la mano.
Trae los sueños de la luna
y la emoción en los ojos.

Los jardines
los patios y las ventanas

las palomas y el vuelo
de los gorriones
saben de sus pisadas

El amor camina
y el eco de la ciudad
se desvela conmigo.

Cosas

Las cosas
son el recuerdo
la memoria.

La insignia tejida
con el hilo
de la historia
del destino.

Son la huella
del tiempo
que se nos pierde
entre las manos.

Fantasía

Garza
sin leyes
contornos
ni adjetivos.

Certeza y sueño
albura y júbilo
nervio y savia.

Viajera total.

Duda y olvido

Juez y víctima
he sido en mi propio molde.

Ejercicio
y frustración
de lo aprendido.

Directora
de la comedia
cansada de mi mano.

Después del tiempo

Cuando el suave soñar
Se apodere de tu sangre

Tu cuerpo no distinga
el calor del frío

Y una profunda
soledad te invada

¿Habrá quedado
atrás la incertidumbre?

¿Vendrá
la sombra a tus amigos?

¿Estarás
muy cerca del olvido?

Espejo nocturno

Cada sueño
ancla su paisaje
en una estrella.

Ese titilar
en las noches

asume la memoria
como espejo de crepitación
para cada transitante.

Entre tanto
los senderos
han perdido

Las huellas
de los pasajeros
de la Tierra.

Sueño de almeja

Nadie podrá juzgarme
por espiar tercamente
los bordes de tu alma
y convertirme en el espíritu
del aire para tocarte.

Por triturar las distancias
por aprisionarte en mis brazos
y como sueño de almeja
fundir tu imagen
en la obsesión de Wagner.

Por desviar tus pasos y guiarte
a donde juegan los embrujados.

Por llevarme tu indiferencia
al corazón de una playa
e invadir con tu nombre
todas las galaxias.

De verdad hay en mí
una voz que asombra
la cumbre de la noche.
Mi noche de gritos ahogados.

Muerte del poeta

Aunque la tersura de tu piel decline
mantén el ímpetu
de los mejores días.

Cuando
tu fracción se canse
habrás dejado el canto.

Pasarán
segmentos de memoria
y volverás a caminar
el tiempo en el tiempo.

Verás que el pasado
es el principio.

Tu voz vuelve
a ser primera
y los mares te acompañarán
por cada litoral.

Tu alma llegará
al principio de otro vuelo

Porque ella
no quiso acompañarte hasta la tumba.

A la hora de la cena

El brillo de tus ojos en mis ojos

El orden
de mi desorden
está alterado.

Doy vueltas
sin hallar respuesta.

Reviso
los papeles, los espacios,
la mesa, la música
han sido tocados, acariciados.

Me asombro
al admitir que tus sueños
están invadiendo mis asuntos.

El jugo
al levantar la mañana
ha vuelto ser fruta
mitad de fruta
tu mano en mi mano
y el café que endulzas
con tus bromas.

Imperceptible
constante
tu vitalidad está en la arista
de mi siguiente página.

De pronto
me sorprendo

no llevo a casa más proyectos
ni prolongo el tiempo del oficio.

El fin de semana
deja apenas un libro ojeado
y el escritorio
permanece sin libretas.

Admiro en el espejo
el brillo de mis ojos.
Casi me desconozco
pero me alegro
y canto y bailo
y creo en todos mis amigos
y guardo en los párpados
una emoción y un suspiro.
Me visto de adolescente
con el sol que has traído.

En ocasiones
el temor
vuela hasta mis hombros.

Tus locas frases
no aparecen en la puerta.

Doy vueltas
miro el reloj
repito los pasos
una y otra vez
tomo la ventana
por asalto.

Taladro el horizonte
con la mirada
y mis manos tejen
el enredo de mi pensamiento.

Los interrogantes hacen
cadenas interminables
doy un golpe a la pared
miro dos puestos
desocupados en la mesa
vuelvo a la ventana
me acerco al teléfono
descifro los minutos
juego a ser sensata

-El tránsito, los imprevistos-

voy al espejo

el brillo de tus ojos
que invade mis ojos
me confirma

que el orden de mi desorden
ha sido alterado.

Enigma

En el rumor
casi imperceptible
donde la magia del verbo
aflora de una página
busco tus ojos.

Me acerco
y no logro romper
la frontera de tu policromía.

Abro mis lineamientos.

Aunque te busco
por la curvatura de la noche

Sólo hay un fantasma
que se pierde
en el enigma de la hora.

Principio del amor

No transportó jardines
para decorar
un castillo en la ventana.

No fue nota musical
ni vibración de mar
ascendiendo el alba.

No dibujó el horizonte
con el brillo de la luna
ni construyó cometas
para volar países inventados.

No contó anécdotas
ni diseñó el futuro.

El principio del amor
sólo fue
una página perfecta
en la otra mirada.

A LA HORA DE LA CENA

I

Inventamos el funeral para la muerte.
Tejimos la tarde almacenando relámpagos.

Saturno
escuchaba asombrado
cada violín, cada tambor y las flautas
puestas en libertad en la ventana.

Convertimos las jornadas
en callejones que culminaban
en la suma de la risa.

Decoramos el mundo
con cristales febrilmente trabajados.

Siempre hubo café en la mesa
cuatro manos y una sola perspectiva.

Indivisible la alegría
brotaba de nuestros labios
y aún sin voz el eco resonaba.

II

Todo él
totalmente yo
anfitriones del amor
el más perfecto equinoccio
Saturno, Urano
y todas las lunas del sistema.

III

De pronto
su soledad y la mía
empezaron acrecer
y poco a poco
construyen su escultura.

Han viajado los eneros.

Inútilmente
arden las velas

a la hora de la cena.

Relámpago

Como rayo del tiempo
su imagen pasa fugaz,
yo la detengo en la memoria.

Si tuviera su foto
sería como el café
compañero cómplice
de cada espacio
con su mano tibia.

Estaría como
los ojos de los cuadros
vigilando los libros.

Pero sólo tengo un nombre
la lluvia sobre mi frente
y la calle que me absorbe.

Después que atravesé
el abismo del adiós

Sinfonía del orbe

los días buscaron bálsamo
y desaparecieron los rasguños.

Ahora no sé
si sus ojos tenían miel

¿Quizá el tono de la arena?
¿O el corazón del río ausente?

No recuerdo si su voz
buscó el oído de los anaqueles.

Sólo un eco de sueños
que eleva mis sentidos
al umbral de una imagen
recién reconstruida.

Sé también
que hay horas
en que mis ojos
parpadean de repente
y su abrazo provoca
el temblor que bloquea
mi oficio en plena tarde.

Rayo que incendia la tormenta
trueno ahogado
síntesis del frío
al comenzar la noche.

HORIZONTE DE TU MELODÍA

Si pudiera
ordenar al destino
el ritmo de mi espíritu
cantaría.

Mis pálidas palabras
se vestirían de seda.

Conjugaría estrellas y galaxias
en la palma de mi mano.

Rompería silencios
y formas de mi pesada tarde.

En vuelo de inquietud
alcanzaría tu oído
sobre la cumbre de tu sueño.

Con sigilo imperceptible
alcanzaría las notas
en tu costado izquierdo.
Habitaría allí
sin ruidos
con el pensamiento
en el horizonte de tu melodía.

Mi piel
no sentiría más el frío
y la ribera de voz
avanzaría en espiral de júbilo.

Escucharía
la historia de tus secretos.

Los golpes del tiempo
sobresaltan los instantes.

Respiro.

Hago un esfuerzo de emblema
para seguir diciendo
con acento y rebeldía

Quiero
el misterio de tus fantasmas

Quiero
reinventar la vida
en el embrujo de tus brazos.

PERSISTENCIA

Soy gravitación
de los murmullos.

Tomo pigmento
de arco iris
e invado los espacios
con astucia anónima.

Mis hilos musicales
asombran
las lluvias y los soles

Y sin embargo
tu alma sigue siendo
volcán de amor
en otra esfera.

Después del adiós

Las conjeturas
posan sobre el insomnio.

Enfrento
el rostro al espejo
y el protocolo
impregna mi vestidura.

Erguida
con la elegancia
del glamour
recién perfeccionado
borraré el vació
y limpiaré cualquier huella
que el amor
haya ocultado.

Con la agilidad

de protagonista publicitaria
sacaré el frío por las ventanas.

Encenderé a todo volumen
la música en sonido láser.

Por si la ausencia
pretende volver a invadir la casa
tendré en las manos
los controles automáticos.

Con las alas del tiempo

Bogotá, 1985

Para Lilia Gutiérrez
Con las alas del tiempo

Allí la vida llora y la muerte sonríe.
Guillermo Valencia

Leyendo a Silva

Qué tersa fluye el alma
por tus versos amados.
Qué insondable el abismo
de tus claras visiones
donde el amor solloza
y la muerte nos habla
como una vieja amiga.

Lilia, joven maestra,
gracias por el regalo
de tus dulces palabras.
Te digo como a Whitman
le dijo Waldo Emerson:
te saludo al principio
de una sin par carrera.

Germán Posada Mejía
15 de Mayo de 1985

Palabras iniciales

I

Para escribir un poema
es indispensable
consumirse entre fantasmas
desniveles y murallas
entre aire y tierra
pasos y quietudes
en la música y el viento
volar por entrañas de nubes
y descender a profundidades
      de agua y fuego.

Para hacer un poema
el alma ha de ser
más grande que el Edén
en la vida que tan solo empieza
y en el muerto que menos se recuerda.

II

He buscado los mejores significados
las formas más sutiles
y con ellos construí el lápiz.

Entre los escalones
de mis mejores días
elegí la claridad

Sinfonía del orbe

el aroma del café
la canción americana
y entre las frutas
señalé las más jugosas.

De mis autores predilectos
tengo los espacios

para que compartas este sueño
traigo la esencia de mi alma.

Ropaje fantástico

En pos del hombre

I

Antes que se pierda la existencia
antes que el día se derrumbe
y el alma busque la hora eterna
antes que caiga un aguacero extraño
y nos persigan miedos extranjeros
forjemos un idioma de palabras simples.

II

Indago el pensamiento sólo un día
bajo dominios ambiguos
el viento esparce las cenizas
de polillas se puebla el sentimiento
los valores descienden al abismo
y sin embargo
algo de nosotros queda.

Sin tiempo

En el espacio
suena el bronce.

Desde el lejano espacio
una luz hecha tiempo
se desgrana.

El tiempo se desgrana
en la mano y el papel.

El reloj
se pierde
en el abismo de la tierra.

Esta tarde
amigo
para mí
no hay hora.

Ropaje fantástico

Una flauta descansa
en las ventanas del alma
afina sus notas
y burla persianas del sueño.

Como un cuento de hadas
estira el silencio
me lleva por mundos
de luces y de magia
hace confidentes
en las plumas del viento
escribe con mi mano
temerosa de soportar la noche.

Espacios de poeta

¿Quién hilará las ideas
desgranadas como café al sol de enero?
¿Aguantará alguien el ajetreo de mi tiempo?
¿Trasnochará conversándole a los libros?
¿Oirá los fantasmas que me acompañan
                              diariamente?

¿Podrá vivir con las deslizadas monedas de poeta?
¿Sentirá alegría con la lluvia a sus espaldas?
¿Cantará a los soles y a la oscuridad de sus gentes?
¿Escribirá versos en las noches?

Cuando mis espacios estén vacíos
¿Quién tendrá el valor de suplantarme?

Sueño mágico

Si olvidaras por un instante
el reglamento que te oprime
vendrías sobre mis alas caprichosas
a conquistar un sueño mágico.

Despejarías tu mente
no tendrías ataduras
y no te importaría el reloj.

La vida que llevo
conjuga todas las vidas
y los secretos idos.

A hurtadillas
del mundo y de los altibajos
de caminos impulsaríamos el vuelo.

En otro idioma
tus manos bordarían el mundo.

¡Oye!
dentro de mí
los peces piden agua fresca
¿Se habrán contaminado
todos los ríos, todos los mares?

Escucha los ruidos de armas extrañas

Un niño grita
¿No lo escuchas?
¿Dónde andarán sus padres?

Sinfonía del orbe

Observa la blancura de los picos andinos
y mira las olas festejando
el sueño de los barcos.

Mira los frutos
con el ceño fruncido
ante el nuevo precio

¿Los ves?
Y mira al otro lado
los hombres hablan fuerte
¿Para qué tantos micrófonos
en una sala tan pequeña?
Ahora sólo tengo
en el rostro la palidez dibujada
prefiero a los muertos
son vidas que se dan enteras.

Son lo grande
lo único
lo verdaderamente verdadero.

Oye ahora
la canción del Llano
el arpa, el cuatro.

Escucha del otro camino
las flautas, el tambor, las voces.

Pon tu oído en mi pecho
el corazón tiene su ritmo
el rito del viento
de montañas, playas
pueblos, ganado, tierra.

Todo me pertenece y es tuyo.

-¡Despierta!-

En la almohada de una cima
mis ojos se cansan
y mis alas sueñan.

Silencio para un poeta

A Bertha Gutiérrez Rivero

Cierra la puerta
pasa el cerrojo
retira la flauta
de tu boca inquieta.
No quiero oír
cuerdas ni pianos.

Todo va a dormir
sin ruidos ni voces
quiero empalidecer la vida
en la altura de la oscuridad.

-¡Silencio!-

Paren los autos
borren las calles, los senderos.

Nadie camine
cese el murmullo.

Todo será como
antes de la historia

un firmamento
sin sol ni estrellas
mudo.

Entonces
habrá una palabra sin idioma
volcándose en mis hombros
para romper el silencio sobre mí.

Este principio

Ahora que los amigos se marchan
dejan de escuchar música y secretos del aire
toman el rastro sencillo y fácil de la crueldad
la expresión de sus rostros cae bajo mis pestañas
el rumor de gentes por las esquinas ronda los oídos
en la última curva del tiempo declina un cristal
las yemas húmedas de la noche se tornan artificios.

Ahora
que el amor desciende hasta la nada
y el vacío interior de los hombres
los hace absurdos y desesperados

Ahora
Que las palabras no florecen
las caras vuelven la sombra
la verdad quema la ternura
una herida despedaza afectos
la existencia se aferra a un cordón roído

Ahora
Necesito manos para tejer
el mundo y empezar la vida.

¿Cómo se destroza el alma?

¿Quién ha visto el alma?
¿Quién ha descubierto sus secretos?
¿Cómo se compone y cómo se destroza?

El cuerpo se amordaza y las venas se reprimen
las sombras invaden los contornos
y dan ganas de gritar y de ahogarse.

Se quema la figura esbelta y la nobleza
la angustia clava sus colmillos
y la lluvia parece desbocar los días.

Cambian los colores de nubes y de árboles
retumba el orbe con huracán aterrador
se enturbian las pupilas y declinan las manos

el rostro se transforma confidente con la tierra
la palidez bordea el manto de la piel

y en el alma

la ausencia, la traición o el olvido.

ESPADA DE LA VIDA

¿Mi vida estará vacía?
¿Ningún pequeño ocupará mi regazo?
¿A nadie podré darle mi esperanza
mi amor sencillo que vibra cada día
sin exigir o adjetivar nada?

¿En quién bordaré mi afecto?
¿a quién le brindaré el amor
nacido de mis ansias?

¿Existirán ojos inocentes
en una cura de arborecidas mañanas?

¿Heredará alguien mi piel?
¿Aprenderá de mi
lo cuentos más sutiles?

¿Mis rasgos buscarán la sombra?
¿Me perderé?

¿Sentiré la vida en el llanto
que jamás he escuchado?
¿En los pasos
que un día empezarán a forjarse?

COLINA DE SOMBRAS

La tarde cae por su colina de sombras
¿Y tú alma mía duermes?

Siempre te he visto con un libro
cierras las ventanas
y llegas erguida al escritorio.
No te importan las horas ni el jardín.

¿Y hoy estás dormida?

Ahora
llamo a tu puerta y no contestas
entro y el cuarto está en orden
el papel blanco, el libro cerrado
la cama organizada y la almohada en su sitio.

Todo inmóvil como si te hubieras ido.

El espejo quieto, frío
la mesita limpia y fresca.

–Tengo un desierto en la garganta–

Vuelve al hogar

Te prometo
un libro pequeñito
el sueño del artista
la voluntad del viento
la claridad de la mañana

y un amigo.

PLANEANDO EL VIENTO

Cuando ya los oídos no se exalten
el caminar no sea otra cosa
que el violar la tierra
se desplomen las fronteras de árboles
la sonrisa un frío viento de ala
estaré callada cerca de la sombra.

Por la ritual ventana
del alba dibujando el día
la angustia del guerrero
volverá al hogar.

Aromas antepasados
rozarán la frente
y entre la llovizna
y el calor de la mañana

abriremos los ojos
para festejar el nacimiento
de un nuevo espacio

en las olas de un mar por descubrir.

Enemigo sin nombre

De tus enemigos
uno surge a cada paso
se embarca por tus venas.

Tu alma sube
se arraiga al rocío
se estremece bajo el viento.
y él va en tu olfato, en tu voz.

Te acecha.

Sería capaz de envenenarte
de quemar tu hogar
de extinguir tu fortaleza
tu horizonte.

Podrías arrancarlo
echarlo a la calle
o al cesto más recóndito
y sacar de ti hasta el recuerdo.

Pero al llegar la noche
se acerca
entre fantasmas te implora.

Y al despertar el día
lo vuelves tuyo
sale por tu voz
gana saliva
y se refleja en ti
duda y remordimiento.

No estar sola

> *¿Acaso no busqué donde soplaban*
> *los vientos ásperos y aprendí a vivir*
> *donde nadie habita*
> *en los desiertos*
> *que frecuentan los osos polares?*
> Federico Nietzsche

I

No.
No estar sola.
Hoy mi casa está completa
con la organización
que exige el tiempo maquinado.

Voy a la guitarra
y sus cuerdas no vuelan
el café no esparce su aroma
los libros atrapados bajo llave
y el sillón parece de hierro.

No
no quiero estar sola.
Aguardo unos minutos
frente al teléfono
levanto la bocina
y escucho su fonema eterno.

Mi vecino
de saludos diarios no aparece
y froto las manos
respiro profundamente
pero no me hallo.

II

Había anhelado
la independencia
el asilamiento.
Soñé con el espacio
sin interrupciones

Y ahora estoy aquí
con las cortinas
el tapete, la mesa, mi libreta.

Sinfonía del orbe

Hoy hubiese traído en los bolsillos
la discusión interminable
sobre la paz del mundo.

Los signos de todos los periódicos
el bullicio del medio día
en pleno centro bogotano.

Hoy hubiese traído a casa
todo el ruido del mundo
almacenado en el pecho.

Abro las ventanas
pero sin ningún sonido viene a mí.

Cae la sombra
y anhelo tener conmigo
las bromas de las que huyo
a cada rato
la mano de un extraño
tal vez el sonido de un fantasma.

¡Dios o Babel!
quien venga a mí primero
responda
hable o grite

Tome mi alma.

No.
No quiero estar sola.

Hoy tiendo la mano
a mi verdugo.

La noche cae
y se prolonga
y se prolonga.

Conjugaciones

Litoral del silencio

He recorrido el litoral del silencio
la música del agua y las entrañas de los pastos.

Imaginé una fábula para encontrarte
y las palabras se encauzaron por un canal vacío.

En el espejo del Caribe se esfumó tu rostro
y en el Pacífico oí tu voz perdiéndose en la gente.

Subí a los Andes y sus cristales bañaban tu recuerdo.

En un pueblo de festejos vi tu sonrisa
                            alejándose en los tiples.

Mis pasos llegaron a tu playa
llamé y tus oídos estaban rotos.
En un bar matabas tristezas
y te fuiste en la embriaguez.

Perseguí tu compañía
por todos los rincones y venas de la Tierra
alcancé los aires y las aves no sabían de ti.

En una valla de ciudad leí tu nombre.

Tu imagen

El humo en periódicos de la tarde
fastidia la retina.

Diviso la ciudad
por la ventana de lluvia
para hallar una ruta a tu recuerdo
mientras el peligro
inquieta el vibrar de mis venas
se arrastra mi espíritu
como sirena sin mar
el corazón tambalea sus secretos
un grito se ahoga
y tu imagen

Invade todos mis rincones.

Para que te calmes

Hoy te veo cansado
apagaré la radio y odiaré la tele.

Voy a estudiar con poca luz
no sacaré libros grandes
ni fórmulas
no haré cuentas.

Buscaré algo pequeño
articularé un lenguaje distante.

Para que te calmes
encenderé un arpa suave
y te perderé
entre sus cuerdas.

Tu barba

Tu barba
parece una ciudad de niebla
y me recuerda los peligros
que en ti se desvanecen.

En ese bosque espeso
la música toma vuelo
la tristeza se resiste
la historia vuelve a ser humana
las mañanas despejan las montañas
el sol despierta
las noches enloquecen
la mentira huye
el silencio destrona las heridas

y se incendia mi voz de libertad.

Inclinación de la sombra

Antes de ser muerte
en la inclinación de la sombra
recorro tu rostro siempre altivo
con una promesa firme en cada vuelo
en cada lectura, en cada gesto
en tu forma extraña de romper los aires
en las ventanas de tu alma limpia
en las recomendaciones
frescas de tus labios

En el universo
que creas
para buscar juntos
el alba despertando.

Acércate

Llega oscura tu imagen
a mi silencio rebelde.

Tambalea mi barca
y en su alborozo
funde siglos prisioneros
entre versos errantes.

–Carcelero de ilusiones–
vigilante de mis destinos-

Calma no destroces
novecientos años
que llevo a la espalda.

Acércate
y lleva la bandera
yo tengo en el corazón las armas.

Caminemos juntos
por la Tierra
sin héroes
sin batallas.

SIN ANUNCIARSE

Tu alma llegó
sin anunciarse
un día de pasos cerrados
ojos quietos
y palabras mudas.

Olvidé cerrar las ventanas
y el eco reunió tus murmullos
y los trajo hasta mí.

Tu alma se adueñó del hogar
de las melodías andinas
del perfume, del aire, las frutas
el espejo, el reloj
la mirada, la alegría, la sonrisa.

Rescataste la fragilidad
que descendía veloz hacia el abismo
frotaste las manos
para ofrecer tu calor.

Tal vez no te hubieras quedado
si el viento afuera
no se portara tan frío.

Mi universo hermético
encendió sus lámparas
y te hospedaste en mi casa.

Todos los polluelos del mundo
sintieron el calor de tu pecho
y se quedaron contigo.

Si no los hubieras amado
habrían alzado el vuelo
el canto, el recuerdo.

Venías de una herida
yo regresaba de la muerte.

Canción para una mirada

I

En la espera inútil
de tus ojos grandes
mientras tomo el tinto
miro al vacío.

Y vienes a mí
con la sutileza en las manos
par cambiar los tonos
las luchas que enseñas
a romper en cada libro
y las bases que construyes
cuando hablamos de pueblos
agotados por la guerra.

La guitarra
nuestro revivir
y empezar los días.

Tu corazón alegre
la nota de mi canto.

En la distancia
colmas todo
de ritmos armoniosos
siderales y sedientos.

II

En el mar
de una taita de café
me deleito
porque en tus ojos
he reunido el universo.

CONJUGACIONES

Para amarte
conjugo
lo real con lo ficticio.

Por ganar tu aroma
alquilo una sinfonía
de amaneces y ventanas
compro la fortaleza
de todos los edificios
y reinvento la estatura
de mi ciudad cansada.

Por tu aroma
destruyo
los perfumes del mundo
y me quedo con tu piel
y tu aliento enamorado.

Por ganar tus palabras
llevo en la frente
la armonía y la fuga
para cada instante de tumultos

Por ganar tu alma
soy espía
fantasma fronterizo
materia – espíritu.

Por ganar
tu corazón
reúno el calor
de las más grandes amantes.

Llevo en la sangre
la vitalidad
de selvas y llanuras.

Quiero tu beso

Con mi cuerpo está el trópico
de jugosas frutas
y melodías de viento.

Proyección

> *Llamó a mi corazón*
> *un claro día*
> *con perfume de jazmín el viento.*
> Antonio Machado.

Por el alba
que dibuja tu rostro
abro esfinges.

Por el calor de tu alma
mis pasos
rompen los muros
el anhelo crece.

Por tu apoyo infinito
para los enigmas
vuelvo al papel
al libro, al lienzo
al borrador, al lápiz.

Por tu rostro callado
entre las furias
mi calor busca tu playa.

Por tus palabras
tus gestos, tu silencio
la fortaleza
gana en mí la guerra.

Además

porque ninguno de nuestros rasgos
se parece al poema que brotó de mí.

Cuando te marches

Cuando te marches
ocultaré el abismo
y romperé las barreras del asombro.

Levantaré otras ilusiones
vendrán aires distintos
a compartir los pasos.

Borraré los puntos
       el título del viento
se romperán imágenes
       surgidas de mi pluma
otras ramas tendrán
       el rocío y las miradas
el agua dormirá
       en la tempestad del tiempo
la transparencia de un corazón agotado
       renacerá en neblinas
los ojos extasiados en el vacío
       descubrirán otros mundos
la fantasía envuelta en su misterio
       empezará el palpitar de otros momentos.
Vendrán palabras pronunciadas
       en un matiz nervioso
los sentimientos sentarán sus anclas
       y mis alas volarán muy alto.

Después

Cuando te pierdas
en el infinito
y se abra paso
al nuevo mundo

Después
mucho después.

Después de que la Tierra cambie

Cuando se hayan pedido
las letras de tu nombre
habrá una huella
de tu alma en mis silencios.

Eso será bastante.

El único adiós

No buscaré
 más mi rostro entre tus ojos.

No enredaré mi pelo
entre tus frases.

No quiero el beso
desorbitando las fronteras del alma.

Olvidaré tu nombre
tu caminar
tu loca alegría
interrumpiendo historias.

Quiero borrarte en el corazón
en el viento, en el universo.

Empieza tu camino
mientras rompo
los muros de mi cárcel.

Transparencia
adherida a mi semblante
nota musical
sonido arcaico

Deja que me vaya
en el único adiós.

La huella que dejaste

A Francisco Montebello
In memoriam

Cuando tus párpados
se cansaron y te fuiste
me quedé
con las huellas que sembraste.

Y abracé los recuerdos
ubiqué tus reproches en mi frente
reuní tu carisma en el alma
evité el llanto
cerré los labios
y abrí la frontera
que prolonga tu ilusión.

La ciudad que habito

TODO A MI ESPALDA

Llevo a mi espalda
el aire
el asfalto
el teléfono, los libros.

Cargo los caminos
el cuaderno
el lápiz
el pincel
el viento.

La incertidumbre
la inquietud
el frío, el canto
la alegría, el miedo
la ambición, el silencio
la búsqueda.

Morral de senderos
¿Cómo puedes
llevar todo conmigo?

¿Las ciudades
las praderas
el mar, el sol?

Junto a mis hallazgos
¿Cómo no cupo un Dios?

Sortilegio

Al declinar el día
empieza mi desconcierto.

Repaso los aires y los montes
de la ciudad incierta
cruzo el miedo de las calles
para aguardar una ola
que transporte mi destino.

Una lucha interna se desata
y rompe los silencios del alma.

Aquí es donde los bríos
se encadenan
y con un hilo milagroso
vuelvo al fuego de los míos.

Indiferente

Indiferente
al mundo y a la dicha.
El cielo y el sargassum quietos
y los hogares plenos de ausencias.

Indiferente
a la campana fúnebre

Sinfonía del orbe

la esbeltez del árbol
y la jarra de vino.

Hambre y sed
recorren los caminos
el tesoro de la armonía pedido
los frutos a la deriva
trivial vacío ante el amor
y el tímido nacer de espacios.

Indiferente
a la sombra de ligera imagen
luz de plenitud en anchos llanos
y la geometría que viola un suelo manso.

¿Huir, marchar
por el mar que vacila ante las islas
o la espalda de una cordillera
que se interna por los aires?

Al miedo y al asombro
sucumben elevaciones infinitas
y una ciudad me ensaña
su historia de cíclopes.

El abismo a los pies
pasos vacilantes
memoria de raíz aérea
espacios inciertos
vacíos de banderas

Y las grietas herboricidas
en las sendas de mi alma.

Lapidario

Desmoronaron
los minutos al día
y se perdieron
como fantasmas
en calles grises
para esconderse
en las grietas
de la gran ciudad.

Ciudad
que une a los humanos
y los separa
y los distancia
y los vuelve autómatas
y números
y fusiles
de sus propias entrañas.

Canción a los árboles citadinos

¿Qué misterio
construirán los árboles
formados en hileras largas?
¿Quién se ha detenido a escucharlos?

Sinfonía del orbe

En esta ciudad
ellos son
el eje de las avenidas.

Parecen acompañar
a los viajeros
de distintas estaciones.

Generosos sacuden
sus sueños
para compartirlos.

La sombra de las horas
transcurre por ellos
formando siluetas ignoradas.

Volverán los árboles
en todos los instantes

en sus enormes filas
a acompañar
la angustiosa carrera
del reloj que viaja
en un pulso alborotado.

Verán el triunfo
la tristeza, la inquietud.

–Eternos testigos mudos de la historia–

Hoy les presto mi voz
¿Cuándo me devuelven mis palabras?

Recomendaciones

Ten cuidado
en tardes de parranda
y tertulias de alcohol.

Aléjate de las sombras.

Entre la lluvia
y conducido
por el calor del vino
puedes equivocarte
de noche
de puerta
y de ciudad.

Ciudad de asombro

Tarde de octubre enmohecida
me arrastras en partículas disueltas.

Frente a la pupila admirativa
desfilan hombres de nariz rara
con uniforme de verduras frescas
cargados de amargura.

El temor taraceado en sus rostros
en sus bocas la lividez
de un asesinato latente.

El fusil al ritmo de la sangre
y sus ojos cansados se pierden
por calles ambiguas.

Ente los bolsillos
guardo una ciudad de asombro.

INCERTIDUMBRE

Un raro silencio aquieta la mañana
Los trabajadores descalzan sus afanes
Los buses aguardan la orden del silbato
Una niña llora su lonchera rota
El cartero acaricia los timbres inservibles
El zapatero vuelve a martillar su oficio
Una dama bordea la máscara en su rostro
El hombre de la zorra tortura su caballo
Los carteles reclaman libertades
Los perros agrietan las basuras de los amos
El borracho le canta a la botella
La emisora vende sus palabras.

Hay paz de miedo
Calma de tempestad.

El tiempo herido
Se contrae en diminutos rostros

Y empieza un final de incertidumbre.

La ciudad que habito

La ciudad que habito
es un cántaro de niebla.

Por las avenidas
se pierden los humanos
en vuelo a marcar el ejercicio.

Los edificios elegantes
mantienen fusiles a la entrada.

Los minutos
se decoloran muy temprano.

La música de oficinas
adquiere jerarquías
entre curvas y la verdad alterna.

El ritual diario se comparte
sin que nadie lo entienda.

Las noticias continúan su caudal
la estructura de la ciencia crece
mientras en los hospitales
se diluye la esencia de la vida.

Los seres tirados al asfalto
se tragan su esperanza
los fantasmas aguardan
la bendición oscura
el tránsito trastorna soñadores y sedientos
los hogares rodean puertas
y ventanas con metales fuertes.

La ciudad que habito
tiene un pie en la sepultura.

Maniquí

Ya ves
hoy he alquilado
el traje que gusta.

Una baratija que brilla
he puesto en el cuello
con la esencia de rosas
revuelta en alcohol.

He usado pestañina, labial
y hasta rubor para la cara.

Tengo tacones de moda
y bolso de charol.

Voy la con la elegancia que te agrada.

En un salón de belleza
cambié las últimas monedas
por otros pies
nuevas uñas y un peinado.

No haré refutamientos.

Aquí
tienes el maniquí
que tanto amas.

Hastío del miedo

¿Siempre se ha de sentir lo que se dice?
¿Nuca se ha de decir lo que se siente?
Francisco de Quevedo y Villegas

Tengo miedo
de las sonrisas y de las palabras buenas.

De vestiduras largas
y desfiles de frac.
Del glamour aterciopelado
en palabras de coctel

Aplausos y saludos de alborozo intenso.

Tengo miedo
de la esperanza del pueblo
hirviendo en una plaza.

De las condecoraciones
    y menciones de honor
los uniformes pulcros y la disciplina exacta.

Tengo miedo
del aire de una sala de sentencia
del juramento por la patria y por los dioses

rezos y cantos en misas diaconadas
y las señoras en afán del té canasta.

Tengo miedo
de las calificaciones altas
y de la cátedra perfecta.

De los pasos
la mirada y las frases de fiesta.

Mejor cierro los ojos
para no envejecer mil años.

¿Qué es estudiar?

Sacrificarse
en la escuela
en vez de jugar
a la gambeta y a las escondidas.
O dañar carros y muñecas
construyendo castillos en la arena.

Ir al colegio
sentarse en un pupitre
echar globos
y llegar al país de maravillas.

Sentir el regaño
y soportar consejos.

Preparar la copia
y morirse de nervios
en la prueba.

Dejar ruborizar el rostro
por alguien que es
todo nuestro mundo.

Es pensar en el mañana
ingeniero, médico, filósofo
aviador, o quizá poeta.

Canción equívoca

Por mi constancia en amarrar las letras
por culpa de los átomos pegados a mis huesos
los instantes siderales y tardíos rompen el alma.

Por buscar las confusiones del mundo
y a hurtadillas trasnochar la vida
en la guerra que me eleva en remolinos
entre onícoros carruajes
hacia montañas oscuras y tenebrosas.

Por ese no saber
las pisadas de otros pies
encerrándome en la cárcel
que estrangula una llama.

Por perder la risa del hermano
y ultrajar las tempestades.

Por todo eso
que no comprende mi espíritu errante

he perdido tus encantos y los míos.

Muestra de un tiempo

La ciudad parece
un inmenso turbión
de murallas invisibles.

La sombra se alterna por las calles
agonizan voces y carteles
manifestaciones que desfilan al olvido.

¿Cuántos seres han desaparecido?
¿Bajo los escombros cuántos agonizan?

Un instante futuro dará
una cifra de computador
y sus muertes serán
un registro de estadística.

Al menos los muertos tienen historia
oficial historia de tinta y de retratos
cuya mano derecha es muda
y la izquierda manca.

Alguien los recordará
en altisonantes discursos
mientras ellos mendigando la eternidad
quedarán a la puerta del recuerdo

buscando a ciegas, sin muletas.

Carta al padre

Padre
nos han marcado los minutos.

En la mañana veinte me acompañan:
uno para romper la pesadilla
dos de charla con mi traje
tres para saludar al espejo
cinco para limpiar los caminos del hogar
tres para el café y el jugo
cuatro para las plantas
uno para cerrar puertas
y colocar cerrojos.

Salgo a entregar
todo cuanto aprendí
de tus palabras
de tus canas
de tus pasos.

El día está milimetrado
para fructificar espacios
y edificar la torre
del Babel de turno.

En la noche
vengo a romper las angustias
y a preparar la fracción que sigue.

Padre
hace tanto que no te escribo

y entre las fórmulas
la existencia se desliza.

¿Sabes?
hoy he mirado el tiempo
de mi rostro y lo encontré tardío.

No me exijas volver
al juego de la cometa.

Ahora
yo soy la cometa

y solo tengo un minuto para firmar la vida.

Canto de hogar

Hay tanto de mí
en las rutinas y charlas destacadas.

El óvalo cambiante
vuelve la imagen principio-fin.

Todo cambia a mi llegada
los desniveles del aire
se comparten en el fuego
las pisadas son más suaves
y la alegría aletea en los labios.

Bordea el calor
en todos los rincones
en este hogar
donde hay tanto de mí

pero que jamás es mío.

SIGO

No quiero caminar
Senderos trajinados.

Una barrera por romper
hay en cada espejo.

Por la rutina maquinaria
de tiempos desolados
van y vienen
vigilantes fatuos.

Por eso abro esfinges
diminutos rasgos en mi pauta dejo
y los dilato
y voy
y continúo
y jamás me detengo
y estoy viva.

Llaves para el tiempo

¿Sabes amor?
he regresado de una guerra quieta.

Sin embargo
tus manos me recuerdan
la senda inagotable hacia la cima
y en tu voz se vuelve sonoro el universo.

Ayer
cerraron las puertas
de mi tiempo cotidiano
y en tus palabras
vuelvo a la existencia.

Tengo tantas heridas
y tantas angustias en la garganta

Contigo
recojo los pedazos
y vuelvo a armar el corazón.

Desaparecerán
todas las sombras con tu sonrisa.

Testamento

Con las alas del tiempo

I

El siglo declina
se envejeció el tiempo.
La maldición
de la guerra ha continuado.
Por entre colinas de humo
el aire se nos pierde.

Y nuestra palabra
¿Dónde está?

Aún
en el círculo vacilante
de la humanidad
sabemos la razón de ser.
Y al advertir el agresor
tantas mentes
en busca de libertad
inventa pájaros que invaden
el tiempo de tóxicos.

Rayos de angustia
manejados por torpes máquinas.

II

Nos han ofrecido
una dosis de anestesia
y por la garganta

se va debilitando el ideal.
¿Dónde está
la vida por la que luchamos?

III

Nos acercamos
a la culminación de nuestro paso
y en la aproximación del siglo XXI
portamos banderas indecisas.

En la imagen
de evolución universal
nuestro brazo se pierde
entre cenizas de niebla.

Sepultamos
el verso que imprimió Silva
nos damos golpes de pecho
ante el nuevo tiempo
Los niños reclaman su espacio
las alas que les pertenecen
y en la ventana se agolpa
un turbión de enemigos invisibles.

IV

Vengan aquí
donde Dante denunció
las raíces estranguladoras del mundo.

Aquí
donde no existen
rejas ni cañones
vengan, vengan.

V

Tengo el tiempo milimetrado
la orden de los dueños
de la Tierra está presente.

Dejaremos la palabra.

Chicos
jóvenes, ancianos
levanten el brazo
la voz
lleven el cesto
de valor al futuro.

VI

Pintura
ciencia, poema
lleven el trabajo
de sus minas
invadan el aire
los vegetales
la tierra.

Desfilen
hombres y mujeres

con el mismo esfuerzo
con la misma búsqueda.

Sobre
la muerte de los muertos canten.

VII

Cantemos
y alguna vez
entre las huellas
se levantará la palabra
que conjuga todos los principios
y equilibra la vida con los sueños.

Antes de partir
inventemos un vocablo
que una al universo.

VIII

Cantemos
embriaguémonos
con sustancia cotidiana
y reunámonos
sin títulos
con estatura libre.

Vengan
vengan todos
nadie necesita pasaporte.

Esta es la antena
de la verdad futura.

Vengan
el fuego está encendido
en el hogar
en el viento.

TESTAMENTO

Si estás interesado en mis bienes
te espero antes
que la tarde se cubra
de insectos graves.

No voy a venderlos
sólo puedo ofrecerlos
al eco de tu voz.

Tengo algunos versos
que sólo hablan
con la madera del escritorio.

Si te gustan
ve que ellos te llaman.

Una familia
adorable en todos sus espejos
ahí está aguardando tu llegada.

Sinfonía del orbe

El poeta de mis alegrías
ha dejado su ausencia sobre el mantel.

Si las ausencias te agradan
puedes tomarla
también es tuya.

Una taza de tinto
caliente como el trópico
tómala
te dará la experiencia
de vivir el canto que proyectas.

Una máquina de escribir
con sonido fulgurante
y pulsaciones de ardilla.

Si quieres
úsala
pero
ten cuidado
es prestada.

Durante muchos años
llevé la investigación en mi sendero
conjugué el espíritu de las moléculas
con la evolución humana.
Pero un científico
envolvió los informes
entre su pulcritud.

Por eso
no puedo dejarte la vida.
–¿Mi cuerpo?–

No.
Es lo único que tendrá la ciencia.

Sobre mi lecho
hallarás una muñeca
de tersura incomparable

Puedes tomarla
al menos
ella no discute.

En el cuarto hay
una alfombra de fresa
una manta de fórmulas
una sábana de letras

una almohada con versos de
Góngora, Quevedo, Neruda
Silva, Rubén Darío, Rimbaud
Juan Ramón, De Greiff y Lezama Lima.

Dormirán con aire de silencio.

Al amanecer

sobre la mesita habrá
un desayuno con sabor
a Vivaldi, Bach, Chopin
y una servilleta de melodía andina.

Para que endulces el café
tendrás una salsa del Caribe
y la mejor cumbia colombiana.

Sinfonía del orbe

Cuando te levantes
en la ventana habrá
un resplandor de poesía.

Te dejo el sol de la mañana
la tibieza de la tarde
la lluvia, mi mejor amiga.

Te ofrezco mi alegría
la historia del abuelo
una bandera transparente
para que la pintes con tus aires

Y si quieres

ahí también están mis miedos.

Nota biográfica
Lilia Gutiérrez Riveros

Macaravita, Colombia, 1956. Poeta, ensayista y narradora. Química, bióloga, con estudios en Medicina Cuántica y Astroquímica. Catedrática universitaria. Libros de poesía: *Con las alas del tiempo,* Ediciones Tercer Mundo, Bogotá, 1985; *Carta para Nora Böring y otros poemas,* Contracartel Editores, Bogotá, 1994; *La cuarta hoja del trébol,* Ediciones Equilibrio, Bogotá, 1997, *Intervalos,* Contracartel Editores, Bogotá, 2005; *Pasos alquilados,* Caza de Libros, Ibagué, 2011. Algunos poemas han sido traducidos al inglés, al francés, al portugués al alemán, al italiano y al Mandarín. Incluida en antologías y estudios críticos. Ganadora del I CONCURSO MUNDIAL DE ECOPOESÍA, 2010. Su novela para niños *Valerio Valentín* ha sido publicada por Babel Book Inc., New York, 2012. Segunda edición, Editorial Atenea, Bogotá, 2014. Embajadora de la Paz del Círculo Universal de Embajadores de la Paz con sede en París y Ginebra. Fundadora y Presidenta de **Poesía sin fronteras.**

Algunos libros de ciencia son*: Taller de laboratorio: 100 experimentos de biología, física y química*, Lexus Editores, Barcelona, España, 2010; *El gran libro de los Dinosaurios* 3D, Lexus Editores, Euroméxico, 2011; *Criaturas Mitológicas,* 3D, Lexus Editores, 2012. Autora de 15 libros de química, 12 de Biología y más de 20 publicaciones de metodología científica.

Algunos ensayos: *La mujer creadora,* Brasilia, 2014; *Del mito a la metáfora,* Bogotá 2012, *El ejercicio de la poesía,* Bogotá, 2011; *La narrativa contemporánea colombiana*, Hannover 2007. *Detrás de la Bohemia.* Lima, Perú, 2000; *La atmósfera caribeña en la literatura infantil,* Veracruz, México, 1997; *El sarcasmo en la poesía del Tuerto López,* Medellín, 1996; *Nuevas tendencias del arte,* Bogotá, 1996; *La mujer en la literatura colombiana,* Beijing, 1995; *El sentido de lo humano en la obra de Matilde Espinosa,* California, State University Dominguez Hills, Carson, city, 1995; *La poesía del África Francófona: un lazo de afecto para Latinoamérica,* Barranquilla, 1994. Artículos y comentarios en revistas y periódicos.

Incluida en las siguientes selecciones:

Séptima Exhibición Internacional de Poemas Póster de Poetas Iberoamericanos contemporáneos, 2013 del Capítulo Frederiction de la AIP New Brunswick, Canadá; *Provocaciones, testimonios y evolución de la literatura, EIE, Brasilia 2014; Festival Latinoamericano de Poesía Ciudad de Nueva York 2013; Ancestral Dominio del Verde,* Santiago de Chile, 2013; *Novena exposición de poesía Homenaje a Roque Dalton,* Asociación Canadiense de Hispanistas, Victoria University, Canadá, 2013; Antología: *Mientras el tiempo sea nuestro,* Ediciones Exilio, Bogotá, 2013; *Poetas en el Equinoccio,* Dosquebradas, 2013; Antología: *Congreso de Hispanistas,* Ontario, Canadá, 2012; Antología Mundial de Ecopoesía: *Centinelas de la Tierra,* Tumbes, Perú, 2011; Antología mural y virtual *El espacio no es un vacío, incluye todos los tiempos,* Asociación Canadiense de Hispanistas, 2011; *Por si alguien llega,* poesía musicalizada, Los Verseros New York – México, 2010; *XXVIII Word Congress of poets, commeorative anthology,* Acapulco, México, 2008; Terre *de poètes, Terre de paix, anthologie des poètes du monde sur la paix,* París, 2007; *Exposición Internacional de poetas iberoamericanos contemporáneos,* 2006, York university, Toronto, Ontario, Canadá. *Festival de la Poesía Mundial,* Palavreiros, Brasil, 2004, 2005; *Norte y Sur: poetas santandereanas,* UNAB, Bucaramanga, 2003; *2ª Expedición por el Éxodo,* Bogotá, 2003, *Nuevos maestros de la poesía hispánica,* Indiana, USA, 2002; *Poesía de Contracartel,* Bogotá, 2000; *Diosas en Bronce,* Los Ángeles, U.S.A., 1995. *Poesía santandereana,* Bucaramanga, 1994; *Poetas de ayer y de hoy,* Bogotá, 1993; *Escritores ciudad Pereira,* 1992; *Poesía de dos Continentes,* París/Bogotá, 1990; *Fragmentos para una historia continua,* libro-arte en memoria de Cortázar, Bogotá, 1991...

En 1985 recibe la Mención de Honor José Acevedo y Gómez de la Presidencia de la República por su trabajo en Educación Superior. En 1997 recibe el reconocimiento a "La vida y obra de un autor", en el marco del XVIII Encuentro Internacional de Escritores, celebrado en Chiquinquirá, Colombia. En el 2005 recibe el homenaje del Grupo Literario Contracartel, en el marco de la 18ª Feria Internacional del Libro de Bogotá.

Apéndice crítico

Comentarios breves

Lilia Gutiérrez Riveros, por su formación académica afincada en las Ciencias Naturales y su gran vocación literaria, toma las intrincadas relaciones ecológicas que ofrecen los ecosistemas y los problemas ambientales y los convierte en poemas, asumiendo con gran calidad el reto de unificar la ciencia con la poesía, contribuyendo así a fundamentar la nueva corriente literaria que conocemos como Ecopoesía en su real dimensión.

Félix Hugo Noblecilla Purizaga
Presidente de la Unión Mundial de Poetas por la Vida
Tumbes – Perú, 2013.

Gracias por tu hermoso libro *Intervalos*. Lo he leído una y otra vez a amigas y alumnos. La belleza de tus poemas nos mueve a hacerlos volar, a compartirlos. Y por supuesto, a saber que desde su lectura, forman parte de nosotros.

Ester de Izaguirre
Poeta y narradora uruguaya
Buenos Aires, 2007.

No sé qué piensen los académicos, ni los críticos, pero lo que yo he descubierto es que Lilia Gutiérrez Riveros, se ha dedicado a la poesía de la contemplación.

José Luis Becerra
Poeta español radicado en Hannover
2007.

A través de los años me he dado cuenta de que aprecio mucho los versos de Lilia Gutiérrez Riveros porque en los momentos frágiles de mi existencia releo alguno de sus libros y sus palabras son como una verdadera caricia para el alma. Pero desde el punto de vista de su técnica poética no hay quien combine tan artísticamente las metáforas de la naturaleza, de las vicisitudes del espíritu como ella lo sabe hacer. Basta con abrir uno de sus libros para darnos cuenta de que se estamos en presencia de lo mejor que nos puede ofrecer la poesía.

Andrés Berger-Kiss
Poeta, ensayista y novelista húngaro nacionalizado en Estados Unidos.
Lake Oswego, Oregon, 2005.

Además de la *Carta para Nora Böring*, el libro nos lleva por el sutil pentagrama de la "Ronda de los sonidos", "El espejismo diario y "A la hora de la cena" poemas que complementan otras cartas llenas de voces inaudibles que solo las imágenes trastocan en precisas metáforas para que el huidizo subconsciente repase los eternos misterios de la vida, el amor y la muerte.

Víctor Raúl Rojas Peña
Poeta e historiador
Chiquinquirá, Colombia, 1994.

PRÓLOGO DE IZACYL GUIMARÁES FERRERIRA
UMA POESIA ECOLÓGICA

Não apenas em seu premiado poema "Un planeta de bolsillo",mas sobretudo na atitude geral de sua escrita mais recente,deste século, Lilia Gutierrez Riveros escreve uma poesia de plena consciência do humano, ao falar do amor à vida,ao puro e simples ato de respirar, de viver. E o faz de forma contida,segura e direta.

Não seria exagerado dizer ou mesmo repetir que a melhor poesia de qualquer época e em qualquer língua é aquela que registra a convicção de caber ao poeta ser ele a consciência da raça.

Ainda que seja recente a noção de que cabe ao homem preservar o seu entorno imediato,ser a consciência pessoal e do planeta, sempre foi da arte em geral e da poesia em particular a noção de que, como "antena da espécie",cabe aos artistas a muito especial tarefa de alertar seus semelhantes para a missão de registrar e de promover essa luta pela preservação da condição humana.

No bolso,no coração,na escrita,essa convicção é a marca mesma da espécie, sua necessidade de preservar na memória a presença terrestre e o trabalho do homem. E Lilia o faz com segura riqueza de imagens e economia de palavras.

Nem sempre foi assim,pois seus primeiros livros mostram ainda certo rumor e certa pressa de dizer o que sente. Mas conquistado seu modo de ver o mundo,conquistou um modo contido e próprio de mostrá-lo em poesia de exemplar feitura.

No poema "Aire", confessa "la eternidad me mira"e é ciente disto que ela irá buscar a "perfección del vocablo",vai procurar no "pulso de la palabra" e na "concentración del pensamiento" sua maneira então já pessoal de dizer o mundo. Numa crescente economia de meios, de "alegría en braille", ou num "pentagrama de canários" é que "las manos son sabiduría/ cuando juntan el sueño y la vigilia". Ou seja,quando elas juntam inspiração e trabalho.

No belo poema para seu pai,"in memoriam",com o título "El júbilo de haber vivido",diz "Mi padre/ marcaba los días con disciplina/

de bosque y golondrinas." E é dessa mescla de disciplina e de liberdade que se deve fazer poesia,pensamos ela e eu.

A segurança desta poética pessoal aparece com regularidade crescente ao longo da obra. Uma epígrafe do livro "Sinfonía del orbe" já nos dirá que "Una chispa de luz enlaza la mirada y los vocablos." Citará anónimo numa epígrafe que diz "Me detengo y pruebo mis palabras / antes de permitirles que pasen a mis labios." Verdadeira lição de poesia,que é e será sempre a necessária tarefa de conjugar inspiração e trabalho.

Ao longo de sua obra revelará "el alma de las cosas"... e"sin adjetivar nada",caminha com "placer de dioses y mortales." Substantiva e clara sua poesia ganha concreção e maturidade.

No poema "Diosas del orbe" dirá com essa consciência ecológica tão sua: "Tierra - Madre vientre de la vida - Diosa del orbe/ de ti nazco,a ti me entrego renovada." Quero crer que vem de sua crescente consciência ecológica não só a preocupação com o planeta como também ajá mencionada concreção substantiva de sua poesia, tão claramente expressa no seu premiado poema "Planeta de bolsillo".

Sempre que me deparo com uma obra como a de Lilia,onde se nota a cuidada economia de meios,recordo a célebre *boutade* de Mallarmé ao dizer a Dégas que não é com ideias mas com palavras que se escreve poesia. E o que sua poesia revela é a maturidade de uma escrita que foi deixando de lado certas complexas expressões de ideias ao filtrá-las de qualquer adjetivação supérflua. E suas ideias serão então capazes de expressar com rigor e beleza um mundo "sin resíduos"..."sin prisa y sin horarios", com "el corazón crepitando al borde de la noche." Ou seja, tanto mais clara quanto mais precisa.

Izacyl Guimarães Ferreira
Poeta y ensayista
Ex-Presdiente Unión Nacional de Escritores de Brasil.

Una poesía ecológica

(Traducción)

Desde siempre Lilia Gutiérrez Riveros escribe una poesía plenamente consciente de lo humano, no sólo al hablar de la vida, del puro y sencillo acto de respirar, de vivir. No solo hace esto en su premiado poema "Planeta de bolsillo", es la actitud general que caracteriza su producción escrita más reciente, en este siglo. Ella lo hace de forma precisa, segura y directa.

No sería exagerado decir, o incluso repetir, que la mejor poesía de cualquier época, escrita en cualquier lengua, es aquella que registra la convicción de saber que es competencia del poeta el ser la consciencia de la raza.

Aunque es reciente, el concepto de que cabe al hombre preservar su entorno y ser la consciencia personal y del planeta, siempre fue del arte en general, y de la poesía en particular, la noción de que, como "antena de la especie", es responsabilidad de los artistas la muy especial tarea de alertar a sus semejantes sobre la misión de registrar y promover esa lucha por la preservación de la condición humana.

En el bolsillo, en el corazón, en la escritura, esa convicción es la propia marca de la especie, su necesidad de preservar en la memoria la presencia terrestre y el trabajo humano. Y Lilia asegura la riqueza de imágenes y economía de palabras.

No siempre fue así. Sus primeros libros mostraban un rumor y cierta prisa por decir lo que sentía. Mas, ha ganado en su forma de ver el mundo, ha conquistado en modo y contenido el propósito de mostrar en poesía su obra ejemplar.

En el poema "Escenario de vuelos" confiesa: "la eternidad me mira". Consciente de ello, buscará la "perfección del vocablo" y buscará en "el pulso de la palabra" y en la "concentración del pensamiento" su forma, personal, de nombrar el mundo. En una creciente economía de palabras y de construcción de la imagen encontramos "alegría en braille", o en un "pentagrama de canarios", o que "las manos son sabiduría/ cuando juntan el sueño y la vigilia". Es decir, cuando ellas juntan talento y oficio.

En el hermoso poema dedicado a su padre "*in memoriam*", titulado "El júbilo de haber vivido" dice "mi padre/ marcaba los días con disciplina/ de bosque y golondrinas". Y es a partir de esa mezcla de disciplina y de libertad que se debe hacer poesía, pensamos ella y yo.

La seguridad de esta poética personal aparece con regularidad creciente a lo largo de la obra. Un epígrafe del libro "Sinfonía del orbe" nos advierte que "Una chispa de luz enlaza la mirada y los vocablos". Citará un "anónimo" en un epígrafe que reza "Me detengo y pruebo mis palabras/ antes de permitirles que pasen de mis labios". Verdadera lección de poesía que es, y será siempre, la tarea necesaria de conjugar inspiración y oficio.

A lo largo de su obra revelará "el alma de las cosas"..., y sin "adjetivar nada", "caminar es placer de dioses y mortales". Sustantiva y clara, su poesía gana precisión y madurez.

En el poema "Diosa del orbe" dirá, con esa consciencia ecológica tan suya: "Tierra – Madre vientre de la vida – Diosa del orbe/ de ti nazco, a ti me entrego renovada". Quiero creer que esto viene de su creciente consciencia ecológica; no solo de la preocupación por el planeta, sino también por la mencionada transparencia sustantiva de su poesía, tan claramente expresada en su premiado poema "Planeta de bolsillo". Siempre que me encuentro con una obra como la de Lilia, donde se nota la esmerada economía de palabras en la construcción de la imagen, me acuerdo de la célebre *boutade* de Mallarmé cuando le dijo a Dégas que no era con ideas sino con palabras que se escribe poesía. Y lo que su poesía revela es la madurez de su escritura que dejó de lado ciertas expresiones complejas de ideas, desistiendo de adjetivaciones innecesarias. De esta forma sus ideas se tornaron capaces de expresar, con rigor y belleza, un mundo "sin residuos"... "sin prisa y sin horarios", con "el corazón crepitando al borde de la noche." O sea, entre más clara, más precisa.

Izacyl Guimarães Ferreira
Poeta y ensayista
Ex-Presidente Unión Nacional de Escritores de Brasil
Traducción de Andrés Alarcón, antropólogo, Magister en Historia.

Para Sinfonía del orbe

Lilia Gutiérrez Riveros: el impulso de su poesía, verificando los nombres de las cosas: la tierra, el paisaje, el cuerpo y el aire; *los seres mansos y las fieras y los acantilados;* las plantas desde sus semillas y los minerales quietos; el fuego rectificador; las fisuras del tiempo. Todo al servicio de lo que se mueve en lo vivo, las montañas y sus lenguajes; lo que está en nuestros ojos dormidos… ah! el poeta elige. Celebra la trayectoria de la realidad que organiza en su interior y la transforma. La ha nombrado desde la misteriosa claridad de la poesía. Ha recurrido al orden compuesto en el tiempo de la manifestación.

Los poemas que *reúnen a Lilia Gutiérrez Riveros en un volumen de su Poesía Completa,* contienen los instrumentos y las medidas que intentan ajustar su experiencia frente a la naturaleza. A su naturaleza interior. Su vida, su formación, su lugar de aparición.

Asisto a la lectura de la poesía de Lilia y muy cerca al árbol, a la planicie, al pulso. A los sucesivos colores del día hacia la noche, y viceversa. Toda una categoría de experiencia por la vida, como haciendo un viaje en globo por la geografía natural que nos reúne. El ser poeta que habla, el ser poeta que escucha y transparente, se hace la voz y el poema de todos.

Hernando Socarrás
Poeta
Mayo de 2013.

Lilia Gutiérrez Riveros es poesía tentación

A Lilia Gutiérrez Riveros me unen muchos lazos desde la Tierra, en la Tierra y por el Universo. A ella, Santander del Sur la vio nacer, a mí me dio mi ancestro paternal. Ella escritora, y yo amante de la palabra, en comunión.

Cubiertas por los hilos afectivos de la hermandad, nos hemos tomado de la mano para compartirla, de ahí que me sienta tan orgullosa como testigo de su creciente camino por la poesía.

"He recorrido el litoral del silencio
la música del agua y las entrañas de los pastos.
Imaginé una fábula para encontrarte
y las palabras se encauzaron por un canal vacío."

Estos primeros versos de uno de sus poemas amalgaman los espacios que alimentan su palabra tejida con calma, en una alquimia pura de química y biología, su otra pasión.

No me inspira la forma para tocar su poesía, me atrae el imán de sus conceptos.

"Los niños reclaman su espacio
las alas que les pertenecen
y en la ventana se agolpa
un turbión de enemigos invisibles."

"Soy el alma libre
del encarcelado
y la mano del juez
en la sentencia."

"Por triturar las distancias
por aprisionarte en mis brazos
y como sueño de almeja
fundir tu imagen

en la obsesión de Wagner."

Inequidad, amor y desamor, soledad y su contrario, violencia, poder, engaño, traición y tantos sentimientos más que frenan nuestra existencia, Lilia Gutiérrez Riveros los aborda traspasando las fronteras de la frustración, para inundar el alma de cada lector con la luz inamovible. Virtud presente en cada palabra suya convertida en símbolo.

Fuego, Tierra, Aire y Agua actúan en su poesía en ademán de protección, brotan sin esfuerzo, reclaman esperanza. Cuatro elementos de su esencia sin aspavientos; los mismos que vuelan en su palabra traducida al inglés, francés, portugués, alemán, italiano y mandarín; los mismos que la condujeron al podio del I Concurso Mundial de Ecopoesía.

"Nacieron las palabras
se multiplicaron
se esparcieron por el vacío
y los abismos
y los recodos
y cantaron una canción
al oído del firmamento
y toda la atmósfera quedó impregnada."

"Cantemos
y alguna vez
entre las huellas
se levantará la palabra
que conjuga todos los principios
y equilibra la vida con los sueños."

Poesía tentación, para quienes como yo hemos tenido la fortuna de leerla y seguirla en el camino.

Ella es Lilia Gutiérrez Riveros, mi amiga, mi hermana, mi maestra,

Sara Gallardo Mendoza
Periodista Comunicadora.

Ebriedad de los pétalos

> *"El lenguaje surge como llegado de otra parte,*
> *de allí donde nadie habla... pero es obra si*
> *habla en dirección de esa ausencia"*
> Michel Foucault

Lilia inscribe su obra poética en el retablo del paisaje del alma con el deleite de quien toca lo invisible desde los pliegues de su sensibilidad. No abandona lo humano y predica la inmortalidad, escapando a las trivialidades del mundano discurrir de los seres y las cosas. Diríase que se detiene a pinceladas sobre el asombro humano para otorgarnos el privilegio de lo divino en versos sutiles bajados de la arquitectura del hacedor de estrellas. "Hay un verso que deambula/ la fantasía que me habita" (Aire a tres espacios) En Lilia la poesía discurre por una enredadera inefable de fragancias, donde lo cotidiano se sumerge en los predios de la eternidad en un largo estremecimiento de acentos aprendidos en las leyes imperecederas del conocimiento. Su poesía es para pensar y deleitarse. "El horizonte/ estará a salvo/ de las verdades lógicas", nos lo dice con la misma impavidez de quien mira a través del caleidoscopio de la conciencia, así debe ser porque "...en cierto modo cada palabra es una transgresión", dice con razón Foucault. Ausencia de lo innombrado, lo sutil, lo glorioso, lo que tenemos que adivinar los lectores a fuerza de consultar los movimientos interiores, las sacudidas del alma."El aire devuelve/ el sonido de un incendio lejano/ el último grito de un corazón mutante"(tomado de "intuición vegetal").

Lilia descifra los jeroglíficos del alma, auscultando la ciencia, donde afirma su condición de poeta vitalicia, siempre en busca de los orígenes de tanto tormento acumulado, pero solo ve la ciudad con sus palacios de cemento y hombres jugando a soldaditos de plomo en el escenario inconcebible de la injusticia y la desigualdad. "A hurtadillas por los nervios/ de la ciudad/ soy el asfalto que espía/ los secretos". "Vivo en un cuarto/ ausente de menciones….con un diamante/ por esculpir/ en el bolsillo" (Tomado de "Límites fragmentados").

La poesía de Lilia, perseguida por fragancias inmortales, asume una posición vertical frente a la vida, en fulminante evocación de las teorías materialistas, donde se esconden biólogos, evolucionistas, astrónomos que han hecho avanzar el carruaje de la humanidad, la voluntad de Kepler, la irreverencia de Carl Sagan y la franqueza de Darwin "Una especie de niebla que reenvía permanentemente, a la memoria una memoria sobre la memoria y cada memoria borrando todo recuerdo…", nos dice Ángel Gavilondo, de la Universidad Autónoma de Madrid. En la poesía de Lilia se desliza la simbiosis de la verdad científica, sobre una nueva verdad asida de la realidad y entretejida con la savia de sus versos: "Antes que la noche/ cubra el valle/ las ramas y los grillos/ ensayan su función/ en el musgo del río" (Tomado de "Armonía"). "Cuando/ la hoja culmina/ su destino/ atada al tallo/ se lanza/ a otra dimensión/ de ópalos y de ocres" ("Libertad").

Los versos de Lilia, otean el paisaje, sin otorgarles un destino. Simplemente están ahí para verificar la ausencia y la constatación del imposible. En ella los versos no tocan, acarician, no describen, mencionan. Ante la imposibilidad de la niebla, dan cuenta remota de la existencia intangible de las cosas. La niebla es el pretexto para pensar, una evidencia de la lejanía entre el pensamiento y la palabra.

Lo aparente nos sorprende para fortuna del texto poético, circuido de soles y amargas decepciones precisamente por la imposibilidad de nombrar las transgresiones del pensamiento, el estar fuera "tanto para ver como para ser visto" de Gabilondo. Aquí el verso esconde la lejanía de lo aparente en un simulacro de verdades sueltas al azar: "Basta el roce de una hoja/ la caída de un pequeño tallo/ el caminar de un insecto/ y en el agua aflora/ su emoción antigua".

La obra poética de Lilia, es producto de un alma en busca de la belleza interior, para entregarnos una poesía hecha travesía en los terrenos de las contradicciones mundanas.

Alonso Quintín Gutiérrez,
Poeta y dramaturgo,
Bogotá, 2013.

COMENTARIO SOBRE LA ANTOLOGÍA *MIENTRAS EL TIEMPO SEA NUESTRO*

La sección antológica de Lilia Gutiérrez Riveros se titula "Inventario 1985-2012" (p.p. 21-81). Esta poeta, nacida en Macaravita-Santander en 1956, ha publicado los libros *Con las alas del tiempo* (1985), *Carta para Nora Böring* (1994), *La cuarta hoja del trébol* (1997), *Intervalos* (2005) y *Pasos alquilados* (2011). El hilo conductor es la experiencia del tiempo como un idilio que lleva a la poeta a ser una con la naturaleza y la divinidad. Hay una visión panteísta en sus versos que le permite vivenciar misterios en cada forma circundante. Al respecto, la poeta -ganadora de varias distinciones literarias cuyo tema es la ecología- dice en su poema "Planeta de bolsillo": "Recorro la elongación de un suspiro/ y protejo entre el bolsillo/ mi planeta de bosques y manglares/ sin ruidos en el aire/ y calma en las ciudades" (p. 58). Enaltece en sus textos lo sagrado de la libertad y la existencia: "la vida es un hilo/ en este paréntesis de eternidad" (p. 55). Esa eternidad la experimenta, sobre todo, cuando se abraza al mar, el gran útero inmortal.

Jorge Ladino Gaitán Bayona,
Escritor y catedrático universitario

Inventario de designios
(Presentación del libro *Pasos alquilados*)

Leyendo una y otra vez la producción poética de Lilia Gutiérrez Riveros, sentimos que cada poema suyo es un afortunado hallazgo de insinuaciones e intuiciones que van más allá de la realidad inmediata de su lectura.

En su libro *Pasos alquilados,* la presencia de la naturaleza va dibujando paso a paso su condición de semillero perpetuo, apenas tocado por la mirada de quien lo va a transmutar en palabra indeleble. Lilia Gutiérrez ha logrado consolidar su lenguaje poético a través de la presencia poderosa del vivir.

El lector percibe el frescor ardoroso de los amaneceres y el remolino secreto de las noches, el soplo, la armonía, la mordedura tierna del sol recién nacido, la dulce levedad de las nostalgias. Allí revive a cada instante el prodigio infinito de la fiesta terrestre. Todo el oficio terrenal se convierte en libro, en germen, en asombro. En asombro de sombras y de lluvias, en felicidad de vivir una y mil veces revelada.

En este nuevo libro de Lilia Gutiérrez Riveros, *Pasos alquilados,* la aventura vital se repasa a sí misma y se recrea con un fresco y sucesivo oleaje verbal.

José Luis Díaz-Granados
Poeta, ensayista y novelista colombiano.

Saludo a Lilia Gutierrez Riveros

[Texto presentado con motivo del homenaje que le ofreciera a Lilia Gutiérrez Riveros, el Grupo Literario Contracartel, el 1º de Mayo de 2005 en el marco de la 18ª Feria Internacional del Libro de Bogotá]

Debería ser más fácil presentar a los amigos. Confieso que inicié varias veces esta presentación. Y para que me crean les relaciono algunos encabezados:
- En un pueblo de la región de García Rovira, llamado Macaravita nació una niña a la que bautizaron Lilia,
- Un 13 de enero en Macaravita, Santander, nació la quinta hija de don Valeriano Gutiérrez y doña Rosa Tilia Riveros de Gutiérrez, a quien llamaron Lilia.
- Lilia Gutiérrez Riveros hace parte de una familia santandereana donde la cuota masculina está en desventaja, de 10 hermanos: 2 son hombres y 8 mujeres.
- Lilia Gutiérrez, estudió Química y Biología, se especializó en Isótopos Radiactivos, pero lo que le más le gusta es hacer poesía.

Podría enumerar muchos otros comienzos pero ninguno me gustó, y tampoco a mis compañeros de Contracartel, así que decidí comenzar por el final.Estamos aquí, hoy 1 Mayo de 2005, reunidos en el auditorio José Eustasio Rivera de Corferias, para rendir un sencillo pero emocionado homenaje a nuestra querida amiga y colega en la palabra Lilia Gutiérrez Riveros y arrunchamos alrededor de *Intervalos* su más reciente libro. Gracias a todos los amigos, escritores, paisanos, que acudieron a esta cita, a acompañarnos, a darle un abrazo a esta santandereana bogotanizada que además de escribir hermosos versos, descifra fórmulas químicas, organiza encuentros literarios, escribe textos escolares, aplica la medicina cuántica y es cómplice irrestricta y presencia necesaria de toda gestión, o acción en beneficio de la divulgación de la cultura y el arte.

Conocí a Lilia hace un poco más de un cuarto de siglo, a finales de los 70 cuando se agitaban vientos de conversación e intercambio que se concretaron en proyectos como la revistas de literatura "Gato Encerrado" y "Café Literario", o agremiaciones como El Colegio Nacional de Periodistas, Fedeprensa, y la Unión Nacional de Escritores, o Talleres Literarios como Contracartel, y otros grupos entre literarios y políticos.

Algunos de esos proyectos no resistieron el cambio de siglo, pero la amistad y solidaridad que se generó entre los contertulios de entonces, ha traspasado las líneas imaginarias del tiempo. Joaquín Peña más adelante se referirá a Lilia Gutiérrez como poeta, y descubrirá, tal vez, ante nosotros, los códigos líricos con que ella nos transmite su emoción y su sentir. Yo quiero brevemente destacar esas otras Lilias que hay en Lilia: La investigadora, la académica, la gestora, la viajera, la amiga.

Desde 1984, cuando recién egresada de la Universidad Libre como Química y Bióloga, escribió la serie "Los seres y la Naturaleza con las Guías Metodológicas 1,2,3,4, de Ciencias Naturales Y Educación Ambiental" para la Editorial Educar, hasta el 2005, cuando se publica la Serie CONVERCIENCIA para el bachillerato virtual de la Universidad La Gran Colombia, Lilia Gutiérrez Riveros ha escrito más de 20 obras pedagógicas de Química Orgánica e Inorgánica, Química Mineral, Biología, Fisiología humana y Microbiología, que han acercado a los jóvenes estudiantes a las ciencias exactas con creatividad y emoción.

Fue coordinadora de la carrera de química y biología de la Universidad Nacional Abierta y a Distancia y ha sido editora de ciencias naturales y educación ambiental de diversas editoriales

También ha presentado ensayos y artículos en distintos congresos en Colombia y en el exterior, como por ejemplo:

Bioquímica del café, Tratamiento de royas del café, y Dinámica del apiario y recolección de royas, en Congresos de Fitoquímica, Puerto Rico, en 1984, 1986 respectivamente.

O "El mastranto y su aplicación en bioquímica digestiva", presentado en la Universidad de California, en 1994.

En este mismo campo y con la intención de aterrizar sus conocimientos en la realidad cotidiana, montó en la Calera, una fábrica de conservas de frutas y hortalizas que experimentaba maneras naturales no contaminantes de preservar los alimentos. La primera producción fue consumida en su totalidad por Contracartel en pleno y otros contertulios, que asistimos a la inauguración con la billetera vacía. Y aunque Lilia nunca nos lo recriminó y tampoco le preguntamos qué pasó después, hoy tengo la certeza que esa fábrica quebró el mismo día de la inauguración.

Y girando como gira la luna en sus cuartos, sin dejar de ser luna, Lilia, afianzando su esencia de bióloga-poeta se pasó a la música. Entre 1993 y 1998 dirigió el Departamento de Arte de la Universidad INCCA, donde impulsó particularmente la Facultad de Música y mezcló metáforas, imágenes, fórmulas químicas y principios físicos con las blancas, las negras y las corcheas, con la misma tierna sonrisa y sin que uno solo de sus cabello cambiara de sitio.

Lilia Gutiérrez Riveros, responde también a esa propuesta que hace el profesor Gabriel Restrepo sobre la planeación cultural, cuando habla de la "Gestión Tramática", aquella que permite zurcir, tejer elaborar tejido social, donde la poesía y el amor, son hilaza y el gestor es aguja y artífice a la vez.

Lilia fue persona clave en la organización de muchos actos y eventos de cohesión y divulgación de autores y obras, realizados entre los 80 y los 90, algunos de ellos convocados por la Unión Nacional de Escritores, Colombia, UNE.

- "Poesía de dos Continentes", y El Escritor al Banquillo", respaldados por la Alianza Colombo Francesa, la Casa de Poesía Silva y la Cancillería;

- El Panel: la Mujer Indígena, transmitido desde la Universidad Nacional por el Canal Cultural del Ministerio de Cultura de Francia, y La tertulia literaria, también patrocinada por la Alianza Colombo Francesa.

En 1980, junto con su hermano Alonso Quintín, (uno de los dos exponentes de la cuota masculina de la familia Gutiérrez Riveros) fue promotora y organizadora del Encuentro Internacional de Escritores de la ciudad de Chiquinquirá, el cual sigue realizándose a la fecha.

Así mismo hizo parte del equipo que hasta hace tres años gestionaba y sostenía un Stand de la Unión Nacional, en las Feria Internacional del Libro, para ofrecer un espacio a las obras de autor y a aquellos escritores que no estaban vinculados a las grandes editoriales.

Y para resumir en los términos que Lilia maneja de manera perfecta, en Contracartel, hemos acuñado una ecuación o fórmula que nos da muy buenos resultados:

"organizar y gestionar :
igual a:
Lilia lo hace".

Y no sé en qué orden, si antes de la poesía, en la poesía, o después de la poesía, pero siempre en la esencia, el ensayo y el análisis también han sido pasión para Lilia. Recordemos por ejemplo:

"La Poesía del África Francófona un lazo de afecto para Latinoamérica", presentado en el congreso de Filosofía y Cultura del Caribe, realizado en Barranquilla, en 1994. "El sentido de lo humano en la obra de Matilde Espinosa", presentado en el Simposio de Literatura Hispanoamericana, organizado por la Universidad Estatal de California, en 1995, "Nuevas Tendencias del Arte", Bogotá, 1995. "El sarcasmo en la poesía del Tuerto López", presentando en el Simposio de Literatura Hispanoamericana, Medellín 1996. "La Atmósfera Caribeña en la Literatura Infantil" para el Congreso de Filosofía y Cultura del Caribe, Veracruz, México, 1997. "Detrás de la Bohemia", Simposio de Literatura Hispanoamericana, Lima –Perú. "La mujer en la literatura colombiana", Beiging, China, 1995. Y como se puede deducir de la relación anterior Lilia Gutiérrez ha recorrido kilómetros. Su seriedad y su constancia en ese trabajo "global" o posmoderno, como se quiera llamar, que incluye varias ramas, es reconocido en otras latitudes. Constantemente la invitan a eventos, a algunos de los cuales asiste de manera callada, sin aspaviento, sin que aparezca en las primeras páginas de los periódicos, pero siempre dejando en alto el nombre del país, y de los escritores colombianos.

Bueno… y

No puedo terminar sin mencionar, esa otra Lilia que está en el punto ocho de la iluminación, ese que habita ocho centímetros dentro de sí misma, en el llamado chacra del tercer ojo. Esa Lilia espiritual que junta la palabra y la acción, la pausa y el movimiento, la presencia de siempre para ofrecer: una mano que sana, una sonrisa que anima, su gran inteligencia y su incansable disposición para estar ahí en las buenas y en las malas.

Gracias Lilia.
Mariela Zuluaga
Poeta, narradora y periodista colombiana.

LILIA GUTIÉRREZ; CERQUITA

[Texto presentado con motivo del homenaje que le ofreciera a Lilia Gutiérrez Riveros, el Grupo Literario Contracartel, el 1º de Mayo de 2005 en el marco de la 18ª Feria Internacional del Libro de Bogotá]

Yo he visto crecer a esta mujer. Desde el tiempo, el corazón, la palabra.

El tiempo. Yo vi su tránsito en las mañanas de los sábados, juvenil, entonces, hasta yo era joven, con un buso azul amarrado a la cintura. Daba brinquitos para sortear el barrizal domesticado desde la Avenida hasta la Universidad.

También la vi y la veo transitar niña desde los primeros pasos entre el barrizal cerrero, en las tierras de Santander, de Macaravita, de don Valeriano. El país, al menos en este aspecto, cambiaba. Si antes, normalmente, estudiaban los hijos de las castas aristocráticas de comerciantes y terratenientes, ahora algunos Valerianos sacaban a colegios y universidades a no se sabe cuántas Lilias. Aunque nadie les hubiera hablado entonces del futuro dominio de la "sociedad del conocimiento". Ellos intuían, sabían cuáles son las raíces de la cultura verdadera más allá de las modas y las imposiciones inmediatas del poder.

Curioso tránsito el de la creación de Lilia. De Macaravita a Bogotá, Hamburgo, los Ángeles, Puerto Rico, Shangay, Jalapa; a la 18ª Feria Internacional del Libro; hasta aquí; a la sala José Eustasio Rivera; hasta hoy, cuando sin detenerse nos hemos detenido para ofrecernos estas cosechas que otros se encargarán de saborear y ponerles las palabras de su gusto.

El corazón. Yo no sé qué elementos, cómo es que entre los días va tomando rumbo el corazón. Por qué responde así ante los caminos. Por qué su destino exclusivo, único, de silencio, de masa, de canción, de pretensión de agua, de lágrima, de savia. No lo sé. No descifro ese misterio. No lo sé en relación con Safo quien bien hubiera podido quedarse calladita allá en su Lesbos sin ponerse a alborotar mucho más acá de sus días; en relación con Gabriela Mistral, que bien hubiera podido quedarse en el tránsito amoroso de escuela en escuela, que ser hacedora de muchachos ya es cosa grande; en relación con Lilia con quien llevamos más de 20 años cerquita y quien, qué le quita, bien hubiera podido, quedarse en Macaravita, sí quedarse en masa o en aquella otra forma de tentar al mundo, la indagación científica, que no es poca cosa en ninguna parte.

Podríamos intentar explicaciones de este tipo: Lilia pertenece a esas primeras generaciones de colombianos que vienen de sectores medios que se vinculan, se ven vinculadas a las transformaciones del país y del continente durante la segunda mitad del siglo XX. Es que esta mujer, desde niña, mostró ciertas inclinaciones que ya manifestaban en ella los indicios de lo que iría a ser. Curiosidad, inteligencia, talento. Podrían mencionarse más hipótesis también ciertas; pero insuficientes. Por eso hablamos de misterios de los que, por ahora, no vamos a conversar más.

Acerca del crecimiento de este corazón sólo digamos lo que intuimos y vemos como verdad.

Nos acordamos ahora de Prometeo y de lo que actuó en él su altura humana que lo definió más en su existencia que su naturaleza suprahumana. Nos acordamos de la razón fundamental de don Quijote para encontrarse siempre con que "sus arreos son las armas y su descanso el pelear"; darse, deberse al género humano. A lo que, según ellos, obliga esa naturaleza tan especial: la humana. Hacer algo por ella. Hacer todo por ella. ¿Prometeo y don Quijote en qué momento se enteraron? En qué momento Lilia. ¿En qué momento nos enteramos de que el cuidado que nos debemos como individualidades pasa por el cuidado de la especie y del sol? Es lo que llamamos misterio y misterio en Lilia y para mí y no lo sé y eso que, se puede decir, con Lilia hemos estado cerquita.

Por el camino de la palabra que también conduce a variadas formas de la indignidad, mientras iba, mientras venía haciendo su corazón, también, el mismo camino, ha buscado las formas de la luz.

La palabra. Yo he visto crecer a esta mujer. Yo he visto crecer a su palabra pues junto con la mía, si es que ha crecido, fueron creciendo en mutua compañía.

No sé si es abundante. Cada poema suyo sobrepasa la media página; cada libro, los cuarenta poemas. Pero hoy no estamos para análisis. Esta oportunidad es de celebración; no de juicios. Estos, si llegan, vendrán luego y de afuera. Con Lilia hemos estado cerquita y no nos alcanzamos a ver para analizarnos. Tal vez sí, entendernos.

Hagamos el siguiente reconocimiento.

Con las alas del tiempo, su primer libro que hoy cumple casi veinte años, tiene algunas palabras nuestras que hoy, a veinte años, suscribimos.

Los temas, las preocupaciones del hombre actual, su desacomodamiento en la existencia, la esperanza, presencia de la geografía y la cultura que nos identifican, el descenso a los infiernos, el mundo que tratamos de hacer amable pero que "alguien, como si fuera sobrenatural, cada día nos lo convierte más en un horror que destiempla, a veces hasta el quejido, nuestras mejores cuerdas", de su primer libro, se prolongan hasta transformarse, veamos de qué manera, en sus libros posteriores.

En *Carta para Nora Böring* se acentúan hacia afuera hasta convertirse casi abiertamente en textos políticos. Por allí pasa Colombia y sus espadas; por allí pasamos nosotros los normales con el miedo.

En *La cuarta hoja del trébol*, ah, el grito que viene desde allá, de lo imposible, que yo llamo a la colombiana Los cinco que faltaron al peso y que siempre, maldita suerte, nos faltan, aquellos elementos se acentúan hacia adentro en una indagación no mística, no metafísica de la interioridad; la ausencia, el abandono, la soledad, el dolor; las cosas que se nos pierden y dejan huecos acá dentro y nosotros, de impotencia, ni siquiera batuqueamos la cabeza. No podemos entender. No encontramos los cinco. La cuarta hoja del trébol se ha refundido entre el herbazal. Sí. Por ahí debe estar pero en nuestras manos no está encontrarla.

El país no ha cambiado mucho para el bien. El barrizal auténtico y ahora, sobre todo, el fabricado darían para chapotear noche infinita. El poeta, la poeta, Lilia, su palabra no se encharca y, a brinquitos, cruza y salta y qué curioso; veinte años después ahora sí en las alas del tiempo, el que no existe, se levanta en vuelo con su cuarto libro, *Intervalos*.

Aunque todavía persisten manifestaciones del espíritu de su primer libro, -no hablemos de temas, formas, expresiones- *Intervalos* lo atraviesa y sigue el camino. El signo ha crecido a símbolo; a mito; a aquel infinito que nos llama. El poema ha crecido de circunstancial a transparencia perenne. Gran revolución.

Se trata de palabras que obedecen al impulso de un espíritu que ha cambiado. No es sólo el tratamiento depurado de las preocupaciones de su primer libro. No sé qué ha ocurrido con esta mujer. Se nos ha ido como luna cuando se fue de la Tierra a convertirse en Luna. Y nosotros que la veíamos nuestra; humana; de aquí; de Contracartel. Ahora ella, con sus manos, ha conseguido la cuarta hoja del trébol; ha entrado en el agua, en la cordillera, en la hoja, en el musgo; en el alma tibia de las tardes; en las sombras luminosas de la noche; más allá de los griticos que si paramos oreja un momento nos mandan las estrellas. Se nos ha convertido en esa otra forma de la luz; en ese movimiento. Esencialidad. La más profunda. La más elemental. Abierta. Revelada.

No importa. No estamos tan atrasados en los deberes de la bondad; del cariño. Por ello somos capaces de alegrarnos. Luna con luz propia. Allá, arriba de nuestras cabezas terrestres. Adiós, Luna. Amárrese bien el buso azul en la cintura. No importa. Para nosotros continúa aquí; cerquita.

Joaquín Peña
Poeta, narrador y catedrático Universitario.
Casablanca, Bogotá, Mayo 1 de 2005.

Extraña sensación de vida

A veces uno cree que lo que está sucediendo en Colombia no toca a todo el mundo. Y que hay lugares en donde no ocurre nada.
Pero ello no es cierto, en todos los rincones ocurre algo, y todos nos podemos sentir afectados.

Anoche, entre el sueño y la vigilia, soñé que el cura de Sahagún, (mi pueblo natal en la Costa Caribe), después de una larga siesta, se había levantado apresurado con la intención de dar el primer toque, para convocar a una misa de cinco de la tarde, y se encontró con que se habían robado las campanas.

Así que ahora, en la biblioteca Nacional de Bogotá, me ha tocado presentar *Intervalos,* el libro de poesía de Lilia, mi amiga. La poeta Lilia Gutiérrez Riveros.

Y uno que no es filósofo ni crítico, ni nada por el estilo, ni se encuentra ocasionalmente con Maqroll, el Gaviero, dice: entonces me toca. Y se va hacia atrás a buscar cómo fue. Cómo fue cuando recibió por primera vez el libro *Intervalos,* de Lilia Gutiérrez. Y ve que cuando le cayó en las manos, al salir el libro de la imprenta, uno sintió, por el color de la carátula y por el título centrado y el logo del editor, sintió que le caía en las manos como una flor.

¡Esa emoción y ese amor por las cosas del alma!

Y luego uno lo abre y se encuentra con que los poemas son buenos, muy buenos, dicen, dicen muchas cosas. Y que el libro está estructurado en siete partes como los siete días de la creación. O por aquello de intervalo, las notas musicales: *La fuente, Trópico, Persistencia, Libertad, Hábitat, Caminar, Pausa.*

Que cada parte tiene un subtítulo y un breve poema, que invita a las siguientes páginas: *Bajo el Sol Mayor/ entro al/ corazón del asombro.*

Entonces le dan ganas a uno de tocarlo, de olerlo, de verlo, de leerlo, de releerlo e ir donde la vecina y mostrárselo. Porque al frente de la casa de uno vive Colombia. Y uno se va allá, a la ventana y toca, la importuna. Ella, Colombia, se asoma en camisola y responde: ¡Miércoles, Andrés Elías, y tú, ahora en medio de la siesta!

Sí, ha salido el libro de Lilia Gutiérrez, *Intervalos,* ¡míralo!, bien editado, oloroso, cosas del espíritu, habla de la naturaleza, de la vida, del ser humano, así, ha aparecido como cuando uno va sofocado, acalorado, a pleno sol, por una avenida y se guarece debajo de un laurel...Fíjate que en Colombia la poesía, siempre el tema del amor, la brevedad, la intención filosófica, el pesimismo, la soledad, la alcoba, lo erótico... y acá, toca, huele, lee: *un grupo de hojas/ estrena su acrobacia/ en mitad de la fuente.* Si acaso, la guerra: *Sea dable a los humanos/ una infancia extensa/ y una vejez breve.*

Y Colombia, en camisola, en combinación, toca, huele, siente, lee, *El río va.* ¡Ah! sí, el río, la fuente, el agua, el hábitat, el rayo: *Aquí traigo mis pies descalzos/ sobre las cenizas de un rayo/ que equivocado de rumbo/ rompió el comienzo de un día.* Y las influencias, ah sí las influencias, *la luz se mira/ en su espejo vegetal. Decanta su propósito/ en la espesura del árbol mayor.* Aurelio Arturo, Matilde Espinosa... Lilia lee y estudia y presenta a Matilde y se va detrás de ella en pos de aprenderle, le aprende, es ahora ella, Lilia.

Lilia se deja tomar el pulso en la tirada de versos, en su disciplina, en su perseverancia, cuatros libros publicados: *Con las alas del tiempo; Carta para Nora Böring; La cuarta hora del trébol...* En *Carta para Nora Böring* le dice:

¿Sabes?/ Por los campos/ viaja la guerra/ en carruaje de distintas épocas./ Hay hambre y hay sed/ Pausadamente el grito/ de la palabra/ se queda sin garganta. Una niña que conoció en Alemania, ni ella hablaba español, ni Lilia alemán. Trataron de comunicarse con señas y gestos: un movimiento a la derecha indicaba que iban al centro; un movimiento a la izquierda se quedaban en las ventanas. Entonces, al regreso escribe la carta...

Avanza uno y lee de nuevo en *intervalos: Los tímidos niños/ esconden su respiración/ detrás del biombo de los juegos.*

¡Miércoles! La vida, la alegría, la tarde, la mañana, los músicos, el cosmos...y de nuevo, el interrogante. ¿Te parece? ¡Claro que le parece!

Después de 20 años de convivir con Lilia Gutiérrez en Contracartel a uno le dan ganas de llamarla y estrujarle las manos. ¡Miren! *El viento/ lleva en sus manos/ la migración de angustia/ por entre la fragancia/ que acude desde/ los huertos y los jardines.* Preguntarle cómo escribes, tu disciplina, dice ella, el resto lo pone el cielo, el universo y crea. ¡Ah! sí, el gusto, la emoción, el encoño, mira acá y uno lee de nuevo. Y se convoca a la gente, a los lectores, como si esto fuera una misa, una ceremonia, un rito, una escena de amor en el cine.

Tú sientes Colombia. Claro, por supuesto. Yo siento. Tú ves el verso, la levedad, la cadencia, el ritmo, la eufonía, el buen decir.... Síííí, como si ella, Lilia, estuviera entre las cabras en la cabaña de Macaravita.

Uno siente al leer el libro de Lilia como si el volcán de Pasto, el Galeras, lo llamara a uno y le dijera: "Tranquilo, vengan por aquí, no les voy a hacer nada..."El hecho es que después de leer con atención *Intervalos* uno quisiera hacer algo, como meter los dedos en un cubo de gelatina. Planchar una hoja de trébol o de roble con la palma de la mano. Bañarse en el chorro que cae de la casada a la orilla de la carretera. Inclinar el mentón en la regleta del sastre, traer de la venta dos metros de encaje blanco y cinta rosada, saltar por encima de un cucarrón, aguaitar por una rendija a una mujer o a un hombre enjabonándose en un playón... Arribar en burro a Macaravita y encontrarse con la tía Julia... Y, por último, ordeñar una cabra a las dos de la tarde... Gritar de pronto: ¡Ven, Monserrate, despiértame temprano! Como si un cañonazo, en el filo de la madrugada, no desapareciera las campanas.

Bueno, Colombia, para los colombianos estas cosas de los sentimientos, de la pasión, y tantos niños y tantas mujeres en guerra, con un fusil al hombro o con la colchoneta de desplazados y sin plaza y nosotros, Colombia, tú y yo, Colombia y Andrés, leyendo estos versos, uno se detiene y abre el libro en la página 69: *He vuelto/ a caminar la arena/ de nuestro puerto.*

Vamos, ponte la blusa y la falda y vamos y le mostramos a otros, a la otredad, estas cosas del espíritu, del sentimiento, del ser en plena emoción y en plena vida y siente uno esas ganas de hacer el amor con Lilia o con Colombia, pues uno, en la buena poesía, lo que quiere, lo que aspira como lector, es escribir el libro que Lilia ha escrito, *INTERVALOS.*

Andrés Elías Flórez Brum
Narrador, ensayista y catedrático
Biblioteca Nacional de Colombia 1º de diciembre de 2005.

Prólogo de *La Cuarta Hoja del Trébol*

"…Hay un lugar
donde
los colores y los frutos son inútiles"
"Es el extenso espacio
del inservible corazón restante"

Con estas palabras, Lilia Gutiérrez Riveros ofrece definitivamente su poemario "La cuarta hoja del trébol".

Alguna vez la poesía nos ha vuelto a construir, después del riesgo que es toda aparición en el intervalo de los libros.

He acompañado a Lilia Gutiérrez en el inmenso esfuerzo que es hallarse en cada página y aún más, en la necesidad provisional de alcanzar la máxima consecuencia de esas páginas que conducen el espíritu en transformación de la poesía.

Y debo decir, que escribimos: nombramos la elusiva memoria de lo incierto, a pesar del abatimiento de los tantos derrumbes; a pesar del reconocimiento en la tragedia que es ésta confusa esencia de lo humano; escribimos para el prodigioso sacrificio que es el olvido y para siempre recordar con la luz de los mayores y con la experiencia abisal de su espantoso duelo por la vida que:

"La poesía se atreve a decir en la modestia, lo que ninguna otra voz se atreve a confiar al sanguinario Tiempo.

Ayuda también al instinto en perdición.

En este movimiento, adviene que un vocablo desnudado se de vuelta en el viento de la palabra" (René Char).

Estamos dispuestos al filo, a los pesados volcanes y a los presagios.

Sabemos que las palabras ven. Se hacen agua, hombres, mujeres, libros.

Los invito a recibir *La cuarta hoja del trébol* que Lilia ha encontrado, durante su observación amorosa del misterio donde se expanden peligrosas, las palabras.

Hernando Socarrás,
Bogotá, Mayo de 1997.

POESÍA: ANTÍDOTO FRENTE A LA BARBARIE DEL FINAL PESTILENTE DEL MILENIO

Palabras pronunciadas en el Homenaje Nacional a la escritora LILIA GUTIÉRREZ RIVEROS, en el marco del XVIII ENCUENTRO INTERNANCIONAL DE ESCRITORES, Chiquinquirá octubre 3 de 1997

Oferente. Javier Guerrero Barón. Sociólogo e historiador
En los estertores del siglo XX ¡Qué difícil es hablar de poesía!

Eric J. Hobsbawm, uno de los grandes historiadores de este siglo, tituló una de sus mejores páginas sobre la centuria "La Barbarie, Instrucciones para su uso". Porque eso que los ilustrados denominaron, la "barbarie" para designar el atraso, la brutalidad y la propensión a la violencia es lo que se hizo regla, es a donde hemos retornado.

Porque realmente el balance es desolador. Habitamos el siglo sepulturero de los ideales de la ilustración y de las experiencias del socialismo real, siglo que pronto se transformó en un único ideal: el ideal uniformante de una modernidad que quiso aplastar la singularidad, para homogeneizarlo todo. Y lo único que logró la mole de hierro que pretendió imponer su voluntad a base de principios técnicos que simulaban ser la única verdad fuera de la cual no hay salvación, fue hacer resurgir como grito desgarrado la diferencia, la personalidad de los individuos y los pueblos, que desaforadamente le gritan a la máquina que dicta las formas de vivir, de vestir, de amar, que dice hasta cuántos gramos debe pesar la hamburguesa que se coma en Manhatan o en el Cairo o en Shanghai, los colores "in" las situaciones "Out", los modelos de metal que deben irrumpir en las mentes cada vez más cuadriculadas de la arquitectura de la razón de ser de todo aquello que quisiera llamarse "humanidad".

Por eso la guerra, la danza escalofriante de poderes para imponer simplemente la cuadrícula de los sentimientos, a los territorios; imponer nuevas barbaries a la barbarie, en un juego interminable en el tiempo de cual huevo fue primero: el del terror o la gallina de la rabia.

Por eso es tan difícil hablar de poesía en el umbral pestilente del milenio.

Difícil hablar de palabras bellas que perduren "Con las alas del tiempo" porque tal vez ese mundo es la negación de la poesía. Pero entonces la pregunta apenas obvia sería por la poesía. ¿Qué es la poesía y quiénes vendrían a ser los oficiantes de la música sin partituras que tiene que transitar incólume en un campo, después de la batalla, sin molestarse por el ruido de las aves de rapiña? Sin cinismo y sin dejar de recoger en su rostro la tragedia, tiene la misión de contar a un universo, más allá del tiempo, vertiendo allí, sin gestos, solamente con palabras, toda su hermosura de adentro, porque afuera, solo habita el frío atroz de lo insensato, para seguir la regla borgiana de que "solo perduran en el tiempo las cosas que no fueron del tiempo" y decir simplemente tratando de mirar sin desparpajo.

Es como ser historiador después de que la insensatez decretó la muerte de la Historia con la estupidez publicitaria de sus amplificatorias arrogantes. Eso más o menos es hacer poesía para decir simple y llanamente sin muchas estridencias:

"El siglo declina. Se envejeció el tiempo
la maldición de la guerra ha continuado
Por entre colinas de humo
el aire se nos pierde.
Y nuestra palabra dónde está?"

Y es que no se puede ser distinto. Si la poeta nace a sus círculos de letras en el año ochenta, en el clímax de la postmodernidad que se le contrapuso a modernidad, que para curar los males de la máquina de matar a los distintos, nos llenó el alma de imposibles, hasta envenenar las utopías.

Y así, asfixiada en la música molecular de la naturaleza de los cuerpos, jugando entre la química y la ciencia de la vida, buscó sus isótopos en la palabra, haciendo "contracartelianos" versos a la soledad, a la belleza, al desayuno, a una ventana, a las barbas de la ciudad oscura o al destino, durante los dieciocho años de este Encuentro, que la volvió poeta y ella nos regaló de versos.

Jugando con Kafka, con sus *Cartas al padre y al castillo del absurdo,* jugando a la adolescencia, unas veces o la a la infancia, o simplemente, recordando, pero eso sí, todos los días redondeando la idea, escribiendo conversaciones con los amigos que se han ido al país de las cotidianidades insondables, transitando todos los "territorios vividos" muchas veces para ser leídos, simplemente por otro con un café mañanero o con un vino entre los habitantes de la noche.

Trabajar para que muchos versos, se queden sin siquiera ser leídos.

Y otros, unos pocos para tres libros, que han bastado para colmar el anhelo de ser un ser distinto a todos los seres, un ser único con sus danzas milenarias en los labios.

Un ser lleno de solidaridades y pasiones, de soledades y rabias, que como todos nosotros, domesticó sus pecados capitales queriéndolos guardar en el estuche hermoso de un soneto.

Después de caminar la noche, Poesía, nos tienes que enseñar la tranquilidad de las renuncias a "La cuarta hoja del trébol", para aprender con la sencillez de las gardenias que

"deberíamos ir a la muerte
como se llega al beso del primer amor.
Deberíamos ir con los pies descalzos
y un traje de playa"

"A la muerte le falta el aire de amazonas
dos sílabas en Quechua
un Dios Azteca
una virtud Caribe
y el corazón repleto de excepción.

A cambio nuestras familias
tropiezan precipicios
calles ambiguas, ciudades absurdas.

Si nos enseñaras por ejemplo, que *"deberíamos ir a la muerte como una mañana de domingo/descalzos a la playa",* te coronaríamos con el

Nobel de la gratitud. Pero si solamente nos enseñaras la ternura perenne en los labios de los jóvenes, a decir en medio de la ira un verso, para hacer una sonrisa en rima ante el tribunal de la inquisición, o para decir un canto parnasiano delante del pelotón de fusilamiento, a manera de último deseo, o si nos enseñaras a vengarnos de los asesinos de la novia de la humanidad con un verso alejandrino, daríamos a la poesía la difícil misión, quizás, la única misión imposible: salvarnos de los innombrables, de los fantasmas del final pestilente del milenio, redimirnos de seguir hundiéndonos en la barbarie de este siglo

...a la muerte le falta
el agua que en el prado
descubre las líneas del alba

Javier Guerrero Barón.
Sociólogo e historiador.
Chiquinquirá, Octubre 3 de 1997.

Prólogo del libro *Con las alas del tiempo*

> *Allí la vida llora y la muerte sonríe.*
> Guillermo Valencia, Leyendo a Silva

Qué tersa fluye el alma
por tus versos amados.
Qué insondable el abismo
de tus claras visiones
donde el amor solloza
y la muerte nos habla
como una vieja amiga.

Lilia, joven maestra,
gracias por el regalo
de tus dulces palabras.
Te digo como a Whitman
le dijo Waldo Emerson:
te saludo al principio
de una sin par carrera.

Germán Posada Mejía
Filósofo, poeta y ensayista
15 de mayo de 1985.